不安と折り合いをつけて

うまいこと老いる生き方

92歳の精神科医
中村恒子

54歳の精神科医
奥田弘美

すばる舎

はじめに（中村恒子より）

私は現在、92歳。押しも押されもせぬ超・後期高齢者です（笑）。

終戦間もない頃から精神科医を始めて、いつの間にか70余年。

詳しい話は『心に折り合いをつけて うまいことやる習慣』（すばる舎）という本に書いてもらったんやけど、まさに、あっという間の92年間でした。

第二次世界大戦末期、高等女学校時代に学徒動員され軍需工場で過ごした私は、卒業したばかりで、たった一人で広島から大阪へ向かい、大阪女子高等医学専門学校に入学しました。波瀾万丈の医者人生のスタートです。

敗戦後のドタバタの中でなんとかインターンを終えて、紆余曲折を経て奈良県立医科大学の精神科にたどり着き、精神科医となりました。そして2歳年上の耳鼻科医と結婚して、二人の子どもを授かりました。

せやけども、ここからが大変でして、この夫がケタ外れの酒好き。

仕事は真面目やったけど、毎日のように飲み歩く、くだを巻く。家計も気にせず周りに大盤振る舞いです。家のためには私が稼がざるを得ず、二人の男の子を育てながら、大勢の患者を受け持ち、外来診療、病棟勤務に当直と働き詰めの毎日を送りました。

子どもたちがなんとか独り立ちし、孫もできた頃、動脈硬化が進行していた夫は、脳梗塞を繰り返すようになり、私が仕事を辞めて介護に専念しようとした矢先、胸部大動脈瘤《きょうぶだいどうみゃくりゅう》の破裂であっさり逝ってしまいました。

家にいてもすることもなし、結局、なじみの病院から誘われて、76歳にして週6日の勤務に逆戻り……そして、ようやく2年前に引退し今に至ります。

さて、私はこのように、その時々のやるべきことをやっつけていたら、いつの間にか卒寿を迎えていましたが、多くの中高年、シニアにとって長い老後についての不安は尽きないことでしょう。私も、それなりに人生の場数を踏んできた者として、外来診療などで多くの高齢者の相談に乗ってきました。

「体のあちこちが痛んで、何をするにもおっくう」
「夫や子ども夫婦、周りとの人間関係がうまくいかない」
「これから20年、30年を生きていく目的が見い出せない」
「話し相手もおらず孤独な生活が辛い」

「人生100年時代」といえば響きは良いけれども、その後半戦である老後には、現役時代の頃とは違った悩みと心身の変化が襲ってきます。聞けば、前著を聞き書きしてまとめてくれた奥田弘美先生も、50代半ばに差しかかって、心身の変化を日々実感し、老後について考えるようになったとか。

そこで、世代の違う精神科医のコンビで「老後の心身の不安と折り合いをつけて、うまいこと老いる」をテーマに、もうひとしゃべり、することといたしました。

どうぞお茶でも飲みながら、お気軽にお読みくださいませ。

はじめに（奥田弘美より）

私は、今年54歳になる精神科医・産業医です。中村恒子先生とは、約20年にわたる長いお付き合いをさせていただいています。

歳の大きく離れた恒子先生との公私にわたる交流の中で、私は精神科医としての仕事だけではなく、子育てをはじめとする女性としての生き方からも、たいへん良い影響を受けました。

そこで私は、恒子先生の生き方を多くの方に知ってもらおうと考え、先生の言葉を聞き書きして整理し、『心に折り合いをつけて うまいことやる習慣』（すばる舎）を上梓しました。すると、大反響をいただき、たちまち16万部のベストセラーに。

読者の方々から驚くほど多くのお手紙をもらったのですが、読ませていただく中で、中高年やシニアの方々が、高齢者としての生き方、いわば「老い方」に悩んでいることに気付かされました。

思えば、恒子先生の老い方は「生涯現役」と呼ばれる、理想的なモデルの一つです。また現在は、このような老い方以外にも、たくさんの歳のとり方を選べる、豊かな時代でもあります。

歳のとり方を選べるということは、それに関する様々な情報や、他人からの多種多様な意見が入り乱れて飛び交うことでもあります。結果、人生の後半戦に対する心配や不安が、新たに生まれているのではないでしょうか？

そこで、恒子先生とともに、**「どうしたら、心安らかに、うまいこと老いる生き方ができるのか？」**について話し合ってみたいと思い立ちました。

これからシニアとなっていく私が、読者になりかわり「老いること」に対する疑問を恒子先生にぶつけながらも、世代の違う精神科医同士、本音で語り合ってみました。また、シニアの心身の健康に役立つ知見も、コラムとしてご紹介しましたので、併せてお楽しみください。

不安と折り合いをつけてうまいこと老いる生き方　目次

Contents

第2章 人間関係はどんどん手放していく

第3章 「これまで」や「これから」で頭を満たさない

第4章 「死」との向き合い方はちゃんとある

第5章 終着駅に笑顔で降り立つために

第1章

老いを受け入れるほど人は幸せになれる

いつまでも若くいられる時代だからこそ、老いるメリットを数えてみる。

奥田　先生、今回の本のテーマは「老い」です。日本人の中には、「老いること」について不安を抱えている人が、非常に多いと言われています。
　世界有数の長寿国であるがゆえに、現役引退後も長く続く老後を、いかに生きていくべきかという**「長過ぎる未来に対する不安」**を、男女問わず多くの人が感じています。さらに、終わりの見えないコロナ禍でストレスが溜まる一方の昨今、未来に対して希望を持てない人も激増しているようです。

中村　残念ながら、私もそう感じるわ。長生きの人が増えたのは良いことやけど、これからの長い老後について、悩んでしまう人も多いようやな。

奥田　そこでこの本では、90歳を過ぎて「老いのベテラン」といえる恒子先生と、50歳過ぎの「老いの入り口」にいる私とで、「老い」とどうやって向かい合うべきか、いかにうまく付き合っていけば良いかについて、率直に話し合ってみたいと思います。

私たちは、精神科医として長年多くの人々の人生に接してきましたので、きっと読者の方にとっても役に立つヒントがお伝えできると思います。

中村　うん、それは面白そうやな。戦前生まれの私の世代と、先生の世代とでは、色々価値観が違うとは思うけど、戦中戦後を生きてきた経験とともに、思うところを語らせてもらおうかな。

奥田　さっそくですが、「老い」というと、どうしてもマイナスなイメージのある言葉ですが、私はあまり、ネガティブに捉えてはいないんですよ。特に50歳の大台に乗ってからは、どうあがいても老化を認めざるを得ないな、と開き直ったことによって、気が楽になってきました。歳をとることで若さは失われていきますが、得られることもたくさんあると思います。恒子先生は、いかがですか？

中村　うん、たしかにそうや。なんと言っても、**万事につけて歳をとると気楽になる**ね。例えば私ら女性でいえば、若さとか、美しさとかをスッキリ諦めてしまうことで、着るものにしても、髪型にしても、所作にしても、人の目とか気にしないで良くなるよ。

他人さんにどう思われるやろ？　とか、女らしくないって思われないかな？　とか、なーんも気にならへん。着たいものを着て、人に迷惑をかけない限り、したいことをする……まあ気楽ですわ。

奥田　そうですよね。私は、54歳という微妙な年齢で、まだメディアからは「アラフィフの若見えファッション」などと盛んにあおられる年代なんですが、はっきり言って、この歳でそういうことを追いかけるのは、もうしんどい。

体は50代になるとたるんでくるし、顔にはシワも出てくるし。そんな状態で服や化粧で表面を取り繕っても、若い頃と違ってそんなに効果がないというか、むなしいというか……。

中村　わぁ、すごい時代になったもんやなぁ。私の頃は、結婚したら、もう「おばさん」扱いで、気楽なものやったわ（笑）。50代だと、もうおばさんどころか、おばあさん扱いされていたわな。せやから化粧も服も、他人さんに不快感を与えん程度で良し。ファッションも、流行なんか気にしないで、適当やったな。

奥田　そうやって「おばあさん」と開き直った方が、50代からは、絶対に気楽ですよね。たしかに先生の時代は、結婚してミセスになったときから、一律に「おばさん」扱いが普通だったようで、1969年に放送が始まった、アニメ『サザエさん』の主人公、フグ田サザエさんの年齢設定は、なんと24歳だとか。お父さんの波平さんが54歳で、お母さんのフネさんが52歳だそうです。現代の私たちから見ると、サザエさんは30代ぐらいの、波平さんやフネさんは70代の雰囲気を醸し出していて、驚きます。

中村　そうなんやね。私らの時代は、何も違和感なかったけどな。結婚して子どもを持ったあたりから、女性は「おばさん」、男性は「おじさん」とひとくくりやった。

奥田　これは、私個人のイメージですが、今の時代では「おばさん」「おじさん」は40代からなんです。30代などは、まだまだ若さにあふれた世代。40代くらいから、ようやく「おばさん」「おじさん」のイメージとなってきますが、豊かな時代ですから、お金や手間暇をかければ、まだまだ容姿は若作りできますし、体力もあるからアクティブに仕事や趣味も楽しめます。

だから、40代でも「老い」の気配を全く感じていない人が多い。「まだまだ自分は若い人には負けないぞ」という感じで、若さを手放していない人が大勢います。そして、50代に入ってから、ようやく心身の体力の低下や容姿の変化が取り繕えなくなってきて、否が応でも「老い」を自覚させられる人が増えてくる気がします。

中村　ほう、そうかいな。今は50代になるまで、若さを手放せないとは、えらい時代になったもんやな。私らの時代に比べたら、えらく**老いることが先延ばしになってしまっている**んやね。

奥田　そうなんです。で、「老い」が取り繕えなくなるから、ようやく渋々自覚し始めて、そのあとも「老いたくない！」と戸惑いながら老いていく人が非常に多いんですよね。だからこそ「アンチエイジング」という言葉が大流行しているわけです。

中村　アンチエイジングって、「老いに対抗する」っていう意味やろ？　私らの時代は、そんな言葉もなかったし、老いに抵抗する、対抗するっていう感覚もほとんどなかったなぁ。**すごく自然に老いていけた**気がするね。老いることに対して、すごく気楽やった。

奥田　恒子先生の今の言葉に、すごく大きなヒントがあると思います。「老いること」に対抗して、いつまでも若さに執着して苦しむより、**潔く老いを認めていく。**

さらに、嫌なことだと捉えずに、**性別の縛りや人の目から解放される、**そんなイメージを持てば、自分らしく、活き活きと生きられる気がします。ファッションにしても、世間の基準に惑わされず、自分が本当に心地良いものを身に付けて、のびのび生きた方が楽しいですからね。

中村　私らの世代は、50歳になったらほとんどの人が「老境に入った」と開き直ってたから、老いることに対しての焦りや、不安はほとんど感じなかった気がする。例えば着るものとか暮らしに対しても、妙な執着は一切なかったなあ。好きなようにしていたわ。

せやから、今も私が身に付ける服や鞄なんかは、50代や60代の頃に買ったものが多いんやで。流行とか全く気にせえへんかったから、店員さんに勧めてもらって「ええな」と思う、好みに合うものを買ってきた。だから92歳になっても着られるものが、けっこういっぱいあるで。体は多少縮むから、自分でちょこちょこっと直すけど、**流行と違って、自分の基本的な好みは、そうそう変わらへん**からね。

奥田　先生のお話を聞いていて、私の中で老いへの開き直りの気持ちが、ますます強くなってきました！　**メディアや流行に左右されないで、自分の感性で、ものも生き方も選んでいきたい**と思えますね。若さへの執着を上手に手放しながら老いていければ、心も体もどんどん楽になりそうです。

衰えるのは、人間として自然な営み。老いに抵抗し過ぎると、不幸になるだけ。

奥田　先ほどもアンチエイジングの話が出ましたが、世間には老いることを怖がっている中高年がすごく多いです。先生は老いることに対して不安や恐怖を感じたことがありましたか？

中村　私自身は、不安や恐怖は、ほとんどなかった気がするね。逆に何でそんなに不安なんやろ？　と不思議なくらいやわ。**老いるってことは、当たり前で、自然なこと**なんやけどなぁ。私なんか、全く気にせんと、毎日がむしゃらに働いていて、子育てして……気がついたら孫もできて、90歳を越えていたって感じよ。鏡を見たら、シワシワでクチャクチャした顔が映ってるけど、こ

れで普通やと思うから、ぜんぜん悲しくないけどなぁ。

奥田　私たちの世代はメディアから「いつまでも美しく、若くあること」が素晴らしいことだって年中言われ続けているんですよ。だから30代、40代くらいから、「アンチエイジングを始めよう！」とあおられて、シワ一つ、シミ一つ増えるのも怖い、と不安になっている人も多いんでしょう。

女性だけではなく、男性もサプリメントを大量に飲むことで老化を抑えられるとか、○○注射を続けると精力、気力を保てる、などとあおられて、お金をつぎ込んでいる人もいたりします。

中村　そういえば、私の外来にも「美容整形したけど、イメージと違う」って悩んで、不眠症になってしまった若い娘が来たなぁ。

奥田　先生は、どうアドバイスされたんですか？

中村　今の顔で充分綺麗やないの？　あまり外見ばっかりに囚われてたらあかんで、不幸になるで、って睡眠薬を出しただけや。2回目は来なかったから良くなったのかどうかは知らん。でも今の女性は、そんな贅沢なことで悩めて幸せやなぁと感じたわ。

奥田 先生の青春時代は、第二次世界大戦の終結から間もない頃ですもんね。

中村 そうそう。もう私の20代は毎日食べて生きていくだけで必死。30代の頃もまだまだ日本は貧しかったから、毎日仕事して子育てして、食べていくだけで精一杯やった。姿かたちに悩む余裕なんかなかったわ！　ましてや50代とか60代になってまで、まだ容姿で悩むなんて考えられへん。

奥田 そもそも「アンチエイジング」という言葉からして、不自然ですよね。老いていくのは**人間として自然なことであって、病気でも何でもない**のに。

今はメディアだけじゃなく、医療業界にもアンチエイジングを推奨して美容施術をしている医者がいます。本来、医学は病気の人を健康にすることが仕事なのに、同じ医者としてなんだか違和感を覚えます。

中村 老いることが悪いことかのように言うから、みんなシワやシミができるのさえ怖くなっているんやろうね。

でも、70歳を過ぎてシワもシミもない若い娘のようやったら、私は気持ち悪いと思うけどなぁ。自然に逆らって老いたくない、老いたくないと抗い過ぎると、かえって不幸になるんじゃないかな。

奥田　たしかに、昔の言い伝えにも、不老長寿を追い求めて不幸になる話がいっぱいありますよね。不老不死の薬を追い求めて、かえって早死にしたと言われる秦の始皇帝しかり、人魚の肉を食べて不老不死になったことで苦しんだ、八百比丘尼《やおびくに》の伝説もしかり……。

中村　そうそう、昔話はようできてる。さっきも言ったけど、私の時代なんかは、若さやら、美しさやらは、未婚の25歳くらいまでの娘が欲しがるもので、結婚して子どもができたら、皆おばさん！　って開き直っていたよ。

おまけにうちの場合、結婚した夫が家にお金を入れてくれへんかったから生活費を稼ぐのに必死で、余計に容姿に気を遣う暇がなかったわ。もちろん、アンチエイジングに無駄金を使うこともなかった。そういう意味では貧しい時代に生まれて良かったかもね（笑）。でも、今は豊かで贅沢な時代になって、お金さえ払えば見かけは取り繕えるから、何歳になっても若さや美しさが諦められないんやろうなぁ。

奥田　とはいえ、どんなに最新の技術や医療でも、老化を止めることはできません。老化に抗おうとし過ぎるのは、**自ら苦しみを生み出している**ことに気付かないといけないですね。仏教でいうところの「執着」を増やしている。「こうあらねばならない」という過剰なこだわりや、「いくつになっても若く綺麗でいたい」「歳をとりたくない」といった強い執着が増えれば増えるほど、現実が思うようにならなくなって苦しみを増やしてしまうと、２５００年前のブッダがすでに教えてくれています。

中村　おっ、奥田先生の仏教好きが出たな（笑）。全く、シワ一つ増えるごとにくよくよ悩んだり、憂うつになったりしてしまうのは、私から見たらもったいない、アホらしい時間とエネルギーの使い方や。
せっかく私と違って、平和で豊かな時代に生まれたんやから、そのエネルギーと時間をもっと違うことに使えばええのに。今は安全に、快適に行きたいところに行けるし、美味しいものも街にあふれてるし、仕事も遊びも趣味も、ひと昔前とは比べ物にならんくらい、自由に何でもできる。年寄りになって体にガタが来ないうちに、もっと色々と楽しんで欲しいね。

奥田　老化は自然なことだと開き直る潔さを持つと、心が余計なことに振り回されなくなって、視野がぐーんと広がる気がします。歳を重ねることに対して不安や恐れを手放すことで、心の平穏にも繋がっていきますね。
年齢を自然に受け入れながら、お洒落やお化粧などは「アンチエイジングの苦しみ」を生まない程度に、ほど良く楽しんでいこうと思います。

中村　そうやな。お洒落やお化粧なんてのは、**本来は気分を良くするために**することなんやから、それが苦しむタネになってしまったら本末転倒や。

主役から、脇役へ。新たな役割を受け入れるごとに、「素敵なお年寄り」になっていく。

奥田　考えてみますと、素敵なお年寄りって、年齢にふさわしいシワがあったり白髪があったりと、とてもナチュラルですよね。逆に70歳や80歳の高齢者になっているのに、シワ一つない年齢不相応な方がいたとしたら、かえって人としての深みや、信頼が感じられない気がします。先生も自然な老い方をされているからこそ、若い人にも慕われるんですよね、きっと。

中村　そないに素敵な老人やないけど、外来で患者さんにアドバイスするときなんかは、**この顔のシワ、シミの一つひとつが説得力を持っていた**ことはたしかやな（笑）。大したことを言っているつもりはないけど、40代の頃と比

べると、同じアドバイスをしても確実に受け入れてもらいやすくなった。私たちの前の本も、88歳のおばあちゃんの話だから、多くの人に読んでもらえたんだろうしね。

奥田　「シワは人間の年輪」とも言いますが、先生は年齢を自然に受け入れているから、いつも心が穏やかで、その結果、柔和な雰囲気のお顔になっていったのかもしれませんね。

中村　姿かたちの話だけやなくて、私は仕事にしても家のことにしても、老人の域に入っているのに、いつまでも若い人と張り合おうとするのは、愚かなことやと思うわけ。大体人間は50歳を過ぎたあたりから、見た目だけやなくて、体力も知力も、人生の盛りからゆるゆると下がって行くんやから、遅くとも60歳過ぎたら**主役は若い人にどんどん譲っていかんと**。

奥田　たしかに、私が素敵な方だなあと思うお年寄りほど、男女とも若ぶっていないし、偉ぶっていらっしゃらないです。上手に若い人に活躍の場を作って、サポートしてくれる。私が若い頃に先生にしていただいたように、相談したら気前良く色んなヒントを与えてくださる。

中村 私はそれが当たり前やと思ってきたけどなぁ。定年が近づいた60歳過ぎには、心身の老化は確実になってきているのに、いつまでも世間の主役でいようとしたらしんどいだけや。若い人にどんどんアドバイスして活躍してもらった方が、世の中もどんどん活気づいて良くなるし。結局のところ自分も楽やし、得と違いますか？

奥田 私の周りを見ても、先生のようにご自身の役割の変化を自然に受け入れて、若い人のサポート役に回っていらっしゃるお年寄りほど、周りに慕われている気がしますね。

中村 年寄りの仕事は、若い人に上手に花を持たせてあげることやと思う。私自身、歳をとっているから一人前の働きは無理やけど、なんか若い世代の手助けになればええなって気持ちで、頼まれるままに働いてきたよ。

奥田　そしたら結局、88歳までは週6日勤務、89歳になっても週4日勤務で仕事を続けることになったんですね。

中村　さすがに足腰が弱ったから、90歳を過ぎてからやっと週1日の勤務に減らしてもらったけどな。で、91歳になって足を骨折して、ついにリタイアさせてもらったというわけ。

奥田　先生の「**年寄りは脇役でいいから、何か若い世代の手助けになればそれでいい**」という、謙虚な姿勢と心持ちが、かえって職場から必要とされ続けることとなったんだと思います。

若さでも能力でも、いつまでも若い人と張り合おうとしないことが、先生のように好かれるお年寄りになる秘訣なんですね。

仕事も、子育ても、60代からは全く新しい景色が見える。

中村　役割ということでいえば、子どもがいる人は子育ての責任からも解放されるね。30代から50代の頃は、父親も母親も、色々な気苦労が絶えないものやけど。

奥田　私もまだ大学生と高校生になる息子がいますが、まさに今も彼らに振り回されています……。

中村　それも、子どもが成人してしまえば一段落や。孫のことが気になる人もいるやろうけど、それでも自分で子育てをしていた時代とは天と地ほど責任感が違う。私は息子夫婦と同じ敷地内に住んでるけども、彼らが子育てに奮闘しているのを「頑張りや〜」って**旗振って応援している感じ**や。

奥田　まだまだ息子たちのために働かなければならない私としては、すごく憧れます。私が今の仕事を頑張っている大きな動機は、息子たちの教育費を稼ぐためですから……。教育費の負担がなくなったら、もっとゆったりと働きたいなと指折り数えている毎日です（笑）。

中村　大丈夫。子どもが独立したあとは仕事も生活も、どんどん楽になっていくよ。私は子育てが終わってからもずうっと医者としての仕事を続けてきたけれども、**60代ぐらいからは、全く気分が違う。**それまでは先生と同じで、家族を養うために、生活するために稼がなあかん、と勤務医として必死で働いてきた。

仕事がなくなったら、たちまち困るから、院長から振られた仕事は、どんな仕事でも「ハイハイ」って引き受けてきたわな。私らは上の人からの命令にはノーと言ったらいけないって躾《しつ》けられた世代やから、ひたすら言われるままに仕事をこなして、手にした仕事は手放さないようにしてきたんや。

奥田　今も昔も子育て中の男女は、多かれ少なかれ同じプレッシャーを感じながら仕事に食らいついていると思います。家族のためにと生きがいを感じる反面、ときどき「あ～、しんどいな……」と疲労感を覚えることも少なくない。でも先生は、お子さんたちが一人前になって自分たちで稼いでこられるようになってから、ずいぶん心境が変化されたようですね。

中村　そうや。子どもたちが独立してくれてからは、仕事は「いつ辞めてもええから、人の役に立つ間だけ無理せずに働かせてもらいましょ」って心境で、すごく気楽になったね。職場でも中心になってバリバリ働く気分ではなくて、**若い人たちのサポーター役のような心境になった。**

それに60歳を過ぎると、さすがに勤め先の病院も「もうあの先生は歳やから、あんまり仕事を頼んだら病気になる」ということで、だんだん仕事は減ってくるしね。人生うまいことできとるわ（笑）。

奥田　たしかに企業も、60代以降で再雇用した人に対しては、現役世代のときのような成果や結果を求めなくなりますよね。それはある意味、寂しいことかもしれないけど、考え方を変えれば、**若い頃のように数字やノルマに追われない分、気楽に働ける**はずです。

中村　「一億総活躍社会」とかいうけど、社会はいつの時代も20代から50代の人が中心になって回しているもんやろ。だから60代からは、そのお手伝いをするって感じやな。老いぼれでも、ちょっとはお役に立てているうちは働かせてもらいましょって感じやね。

奥田　家庭でも、職場でも、中心ではなくなって脇役になっていくけど、それは寂しいことじゃなくて、**責任やプレッシャーから次々に解放されていく**ってことなんですよね！　年齢を重ねることで仕事に対するストレスも軽くなっていくなら、老いることはやっぱり悪くないですね。

気力・体力の右肩下がりも、悪くない。欲がなくなり、楽に生きられるようになる。

中村　老人になると役割だけじゃなく、自分を縛ってきた「欲」からも、どんどん解放されるよ。面白いもので、ええ塩梅に気力や体力が落ちてくるから、あれしたい、これしたいって気持ちがだんだん少なくなっていくんやな。仕事でも私生活でも、脇役・黒子でけっこう、そっちの方が楽やし！　ってな感じになってくる。

奥田　たしかに50歳を過ぎたあたりから、物欲も穏やかに減ってきますし、仕事や趣味で自己実現しなきゃ、とか、人生を充実させなきゃ、といった感覚も、どんどん薄まっていきますね。

中村　自己実現ねえ。私らの頃と違って、そういうことで悩んでる若い人が多いみたいやね。「仕事が自分に合ってない」「人生が充実していない」、そんな理由で、うつっぽくなって外来に来る人もいるわね。

奥田　私も産業医として、そうした方々をたくさん診察しました。自分自身も20代から40代にかけては、自己実現感を常に追い求めていた気がしますね。

中村　私ら戦争を経験した世代からすると、そもそも「何かを通じて自己を実現する」っていう感覚がないから、気持ちがわからへんけどね。

仕事は生活していくため、食べていくためにするもんやと思って、私自身はやってきたから。好き嫌いと関係なく、むちゃくちゃ苦しい仕事じゃなければ、お給料がもらえて人並みの生活ができていたらそれでええわって。

奥田　きっと、私の世代くらいから、仕事はお金を稼ぐためだけじゃなくて、自分を活かすため、輝かせるためにするものだっていう刷り込みがされてきたんですよ。今の若い人は、学生時代から将来のキャリアプランをイメージさせられていますから。だから社会に出て、仕事が自分の理想と違っていると、悩んだり不安になったりしてしまうし、他者から自分の欲しい評価をもらえないと、うつ的になってしまうんです。

中村　わあ、大変やなあ。そんな小難しいことを四六時中考えていたら、それこそ病気になってしまいそうや。会社は他人が作ったお金儲けのための、ただの箱。そこはあくまでも**他人の箱庭**なんやから、自分の思うような役割に就けなくても、気にせんでええのになあ。他人が輝こうが、出世しようが自分の食い扶持が稼げればええやないの。仕事をする一番の目的は、自分や家族を食べさせるためでしょ。

奥田　先生とお付き合いするようになって、だんだん私もそう考えられるようになりました。

特に30歳を過ぎてから夫の仕事の関係で東京に来て、夫の給料が下がったり、子どもが二人できたりして、自分が生活を支える立場になってからは、仕事をする一番の目的は食べるためだって、どんどん吹っ切れていきましたね。まずは家族の食い扶持を稼げていたら、それで充分。**自分に余裕があるときだけ、自己実現的なことができたらいい**よね、という感じです。

中村　それは何よりやったね。

奥田　とはいえ、30代や40代の頃は、キャリアアップのために資格をとらなければならなかったり、仕事で新たなスキルが必要になったりと、常に自分を鼓舞するように働かざるを得ないところがありました。

でも50歳を過ぎてからは、仕事人生のゴールがある程度見えてきたし、**仕事の中心を担う世代も、自分たちより若い世代へと自然に移っていく**。ああ、自分たちの年代はそろそろ現役世代の終わりに近づいてきたんだな、ということを受け入れた頃から、かなり気持ちが楽になってきました。これも老いの効用ですよね。

中村　それでええんと違う？　私は何人も患者さんを看取ってきたけれども、

死ぬときは地位も名誉も関係なしや。あの世には何も持って行かれへん。どんな活躍してきたか、どう生きてきたかに関係なく、人間いつか必ず死ぬの。せやったら眉間にシワ寄せて、仕事で自己実現しないとあかんとか、人生を充実させないと、とか考え過ぎずに、目の前の仕事をたんたんとこなしながら気楽に生きていったらええと私は思うけどなぁ。

奥田　そこに、いつ気付くかですよね。残念ながら、戦後の豊かな日本で育ってきた私たちの世代以降は多かれ少なかれ、自己実現しなくちゃ、仕事も私生活も充実させなくちゃ、という呪縛を刷り込まれています。

若い世代の間では「リア充（現実の生活が充実していること）」と言ったりしますが、とにかく「他人に認めてもらえるような「充実した人生」を送れていないと恥ずかしい」という妙な負い目を感じているのですよね。

でも、現役世代を引退して老いていく過程では、ようやく、こうした呪縛からも解放してもらえそうです。仕事でも家庭でも、色々な役割から解き放たれて、**周りと競争したり比べたりしなくても良くなる。**すると、世間や人の目を意識しないで、自分の気持ちに素直になって、楽に生きていけるはずです。

中村　そうや。私のように92歳まで生きると、何も守るものもないし、望むこともないし。毎日たんたんと起きて、ちょっと家事してちょっと仕事して、食べて寝てって感じ。そもそも老人になって一線から退いたら、人との付き合いも最小限で良くなる。すると**余計な世間体とも、どんどん無縁になっていく**しね。

そういう平坦な生活は、若い人からみたら面白くないように感じるかもしれへんけど、ええ塩梅に体力・気力が衰えていくから、私にとってはそれがちょうどええ。もうこの年で遠いところへ旅行へ行くのもしんどいし、ときどき息子や孫に会って、話ができるだけで充分。まさに「リア充」やな（笑）。

Column

不老不死にまつわる故事

本文でも触れた「不老長寿を追求し過ぎると不幸になる」という戒めは、世界中のあちこちに伝承・伝説の形で数多く残されています。

例えば紀元前221年に、初めて中国全土を統一した始皇帝。

この偉大な皇帝は、広大な中国の主となり、中央集権化など画期的な政治改革を行ったことで有名です。しかしその賢帝も、晩年は不老不死への憧れに取りつかれてしまいます。

有名な徐福《じょふく》をはじめとする部下を全世界に派遣して、様々な薬や儀式を探し求めましたが、49歳の若さで亡くなってしまいます。一説には、有毒な水銀を不老不死の妙薬と信じて飲み続けたことが寿命を縮めたとか。ちなみに、今なお調査が続けられている始皇帝陵《りょう》の兵馬俑《へいばよう》には水銀で作られた川や海の痕跡が確認されています。

また日本においては、人魚の肉を食べて不老不死になったことで苦しむ八百比丘尼の言い伝えが有名です。

平安時代、ある漁師の娘は、人魚の肉を食べてしまったことで永遠の命と美貌を手に入れます。しかし、何度結婚しても夫に先立たれてしまい、絶望した娘は出家。八百比丘尼となって死を追い求めながら、全国を彷徨《さまよ》います。そして、やっと800歳になって入定《にゅうじょう》（高僧の死のこと）し、安らかに天に召されることができたとのこと。

こうした伝承・伝説が語り継がれていること自体、「若さや長寿にこだわり過ぎると逆に不幸になるよ」という、先人たちからのアドバイスだと思いませんか？

第2章

人間関係は
どんどん手放していく

人間関係は人を動かそうとするから辛くなる。諦めからスタートすれば万事解決。

奥田　いくつになっても人間関係で悩んでいる人は多いようで、外来で60代や70代の患者さんの悩みをお聞きすることがあります。もちろん私自身も、ときどき悩んでしまいます。生きている限り、人は人間関係の悩みからは離れられないものなのでしょうか？

中村　そら、私だってこれまで色々悩みは尽きなかったよ。今も全くないと言えばウソになる。まず一番大変やったのは、家族である夫との関係。ケタ外れの大酒飲みで、毎晩飲み歩いて酔って帰ってくる。給料はほんのちょっとしか家に入れてくれへんし、子育ても家のことも手伝ってくれへん。

おまけに酔っぱらったら、私や子どもらをつかまえては、何時間もくどくどと説教するっていう悪い癖まであったんや。何度も離婚しようかと思ったわなぁ。でもね、やはり歳をとればとるほど、ええ塩梅で人間関係の悩みも薄れていった気がするわな。夫との関係も60歳を過ぎたあたりから、すごく楽になってきた。

奥田　先生はご主人との夫婦関係にかなり苦労されたようですが、どんなふうに気持ちを切り替えていかれたのでしょうか？

中村　一言でいうと**「諦め」**やな。夫は何を言っても変わらへんって、まずは諦めた。次に、じゃあ自分はどうするかって考えたんやけど、昔は離婚すると子どもの結婚や就職に差しさわりがあった。

せやから、子ども二人が結婚するまでは離婚しないと決めた。決めたからには、腹をくくって諦めて（笑）、夫と折り合いをつけていくことにした。

奥田　腹をくくって諦める……ですか。これ、色々な人間関係に通じそうですね。私自身も経験がありますが、**相手をどうにかしたい、他人を動かして状況をどうにか変えたいと諦めていないうちは、悩みがどんどん大きくなります**よね。「私がこんなに頼んでいるのに、こんなに頑張っているのに、何で相手は変わってくれないの？　わかってくれないの？」という具合に。

患者さんの相談を受けていても、「自分は変わりたくない。相手が変わるべきだ」と強く思っている人ほど、解決が難しく、なかなか心の平安にたどり着くのが難しいなと感じますね。

中村　そう、その通り。私自身も夫を変えようと頑張っているときが、一番しんどかったよ。腹が立ったり、後悔して悲しくなったり。でも「夫を変えることは無理なんや」と諦めてしまったら、逆に腹が据わってきて、怒ったり悲しんだりする感情がどんどん薄くなっていったなあ。

奥田　人は変わらないと、まずは諦める。そのうえで、どうするかを、100％の自分の意思で決めたらいいんですね。

中村　そうそう。**自分で決めたことやったら、納得がいくやろ？**　私はそこで、子どもらが結婚するまで離婚しないって決めた。で次に、それならどうやってこの夫と折り合いをつけていくかって発想に変わっていったんやね。

奥田　具体的には、どうやって折り合いをつけていったんですか？

中村　まず仕事に出かけているときは、全力投球して夫のことは頭から追い出した。精神科医の仕事は大変なことが多かったけど、やりがいもあったしね。で、その仕事場では、できるだけストレスを減らして、楽しく仕事をするように心がけたよ。

奥田　先生の場合は、仕事に一心に取り組み、家庭のストレスから気持ちを切り離すことで、心のバランスをとっていらっしゃったんですね。

たしかに、どうしても動かしがたいストレス源がある場合は、その**ストレスに影響されない別の世界を持つ**ことも重要ですね。

仕事というものは、自分が期待しなければ、向こうからも期待してくることはない。

奥田　先生のように家庭のストレスを仕事で忘れようとしても、職場の人間関係がまた負担になってしまう場合もあります。今は、職場の人間関係がストレスになって、心の病気になる方もとても多いです。

中村　そうやね。私も外来でそんな相談にようさん乗ってきたから、職場の人間関係のストレスが大変やということも理解できる。ただ一つ気付いたのは、**今の人は相手に対して要望が多過ぎるんやな。**「上司が自分のやりたい仕事させてくれへん」とか、「部下がちゃんと動いてくれへん」とか。

その点、私は仕事に対して、これをしたいとか、あれはしたくないという欲求がほとんどなかったんや。言われた仕事はハイハイとやる。上の人に対して大きく不満を感じることがなかったんやね。

奥田　先生は仕事を通じて自己実現をしようとは考えず、生活していくためのお金がもらえたら良い、という捉え方をしてこられたんですよね。私はその欲のなさこそが、職場で余計なストレスを生まなかった理由だと思います。

中村　そうやろうね。出世したいとか、認められたいとか、思わんかった。職場で一番下に見られてもいいから、与えられた仕事はきっちりやる。で、お金をもらえればそれで満足、と割り切っていたんやね。

奥田　先ほども話に出ましたが、今は「自己実現の呪縛」を抱えている人が多くて、なかなか先生のような心境で仕事に取り組みにくい。望みが多ければ多いほど、目標が高ければ高いほど、現実とのギャップが生まれやすくなって、不満を感じてストレスになってしまいます。

だからこそ、自分が仕事で「苦しいな」と感じたときは、まずは**自分の目**

標や望みを少し下げることも必要だと思います。そして他人に対して自分が過度に要望し過ぎていないか、もチェックしてみるといいでしょう。

中村　そうやね。目標を高く持つのが常に良いとは限らへんからね。私のように目標や望みが少な過ぎても問題かもしれへんけど(笑)、気持ちが常に苦しくなるような目標は、ちょっと見直した方がええな。

奥田　他人との向き合い方という点で言えば、先生は、同僚や、病院のスタッフさんたちとはどう接してこられたんですか？　性格が合わない人とか、無礼な人とかにイライラしませんでしたか？

中村　性格が合わない人はもちろんいたよ。でも、**それはどこに行っても同じ。**できるだけ関わらないように、距離をとるしかないの。

奥田　さっきの「諦め」が大切ということですね。

中村　そう。人はそう簡単には変わらへん。それにな、そもそも自分自身も、人に説教を垂れるほどの人物じゃない。そう考えて、最低限の関わりを心がけてきたら、ひどいイライラは滅多に起こらんかったよ。

奥田　なるほど。職場でも先生は、スッパリ諦めてから、自分の立ち位置を決めるというやり方で対応されていたんですね。でも、意地悪かもしれませんけど、どうしても苦手な人と仕事で関わらなければならないときもありますよね？　例えば、スタッフさんがお願いした仕事をきちんとしてくれなかったり、仕事の仕方がおかしかったりしたときは？

中村　そういうときは、**押し引きでうまくやる。**まずは、攻撃的にならないように「私はこう思うんやけど、あなたはどう？」って話す。「あなたのそのやり方には理由があるの？」とか。

どうしても、やり方を変えて欲しかったら、「私はこの方法がええと思うんやけど、もし良かったら変えてみてもらえんかな？」と提案してみる。とにかく相手を責めずにお願いするのがコツかな。

奥田　なるほど、初手から相手を敵とみなしたり、一方的にダメ出ししたりしないで、**話しながら立ち位置を理解し合う**ということですね。たしかに対立しても、得なことはありませんからね。職場でもプライベートでも、まずは相手の要望や意見をじっくり聞いてみることが大切だなと。

例えば私は産業医として、会社員の、上司についての相談に乗ることも多いのですが、**相手の話をじっくり聞かないままに、殻に閉じこもってしまっている人**がすごく多いなと感じます。ストレスの対象となっている上司側にリサーチしてみると、「そんなふうに伝えた覚えはないのになあ」と驚かれることがあります。

中村　それは不幸なすれ違いやね。

奥田　はい。コミュニケーションの不足が、人間関係のストレスを生んでいることが非常に多いのです。まずは勇気を出して話し合い、歩み寄ってみることが必要ですね。今はメールやチャットも発達しているので、面と向かって話しにくくても、コミュニケーションをとる手段もありますからね。

中村　そうそう。たしかにメールは便利やね。面と向かって言いにくいことも、文章でなら、穏やかに論理立てて伝えられることもあるしね。私も面倒くさい連絡には、メールをよく使うわ。

もっとも、色々な手を使って話し合ってみて、それでもストレスが解消できないようなら、次の手を考えんとな。そのときは諦めて、仕事上協力が必要な相手だったら、自分の仕事を増やしてその分を補ったり、関わらなくて済む仕事に変えてもらったり、**関係を極力薄くしていくしかない**ね。

奥田　恒子先生は、そうやってできるだけ職場が居心地良くなるように工夫をしてこられたから、90歳まで仕事を続けることができたんですね。

中村　そうやな。私の場合は、夫との関係を居心地良いものにすることは諦めたから、仕事場を心の支えにするしかなかった。**人間、どこかにそんな場所が一つでもあったら、なんとか生きていけるもんよ。**

大抵のことは「終わり良ければすべて良し」に落ち着く。それまでは拠り所で乗り切るべし。

奥田　なるほど、一つでも自分の居心地の良い場所を作れれば、心の安定に繋がるんですね。

ところで先生は、仕事から帰った後、ご家庭ではどのようにストレスをコントロールされていたのですか？　いくら変えることを諦めたとはいえ、家に帰るとご主人がいらっしゃるわけですよね。

中村　それがまたええ具合に、夜は飲み歩いてから深夜に帰ってくるから、あまり顔を合わせないで良かったんや（笑）。でも酔っぱらって帰ってきたら説教魔になってしまうから、そのへんは息子たちと役割分担して、交代で相手

していたね。
私が働いていたことで、息子たちとも色々協力して生活する癖がついていた。夫を変えようとするのではなくて、**被害を最小限に食い止める**にはどうしたらいいかなって発想やね。

奥田　なるほど。先生はお子さんにしっかり愛情を注いでこられたから、常に先生の味方になってくれて、ご主人との軋轢《あつれき》もなんとか乗り切ることができたんですね。

中村　せやね。子どもを立派に育てるって目標が、私の仕事人生と家庭生活を支えてくれていたからね。子は鎹《かすがい》っていうけど、本当やな。だから私は子どもを持とうか迷っている若い夫婦には、ぜひ持ちなさい、持つことであなたたちもすごく成長できるし、強くなれるからって勧めるんや。

奥田　それはすごくわかりますね。私も子育て中にマタハラ（マタニティ・ハラスメント）を受けたり、職場の人間関係のストレスで悩んだりしたこともありますが、子どもを育てるためには負けられないぞと思ったら、乗り切ることができました。

中村　そうそう、**たった一つでも心の支えや拠り所があると、大抵のストレスは乗り切ることができる**もんや。それは何も子どもに限らん。なんでもええから生きがいを見つけるといいと思うよ。

奥田　そういえば、以前外来で出会った女性が、趣味でやっている音楽活動を続けるために、仕事で嫌なことがあっても耐えられるって仰っていました。バンドの演奏活動を続けるためにお金が必要だから、職場の嫌な上司に対しても我慢できるって。

中村　そうそう、拠り所は人によって様々。一つでも見つけられると強くなれるね。

奥田　私と先生は、それが子どもの成長だったんですね。しつこいようですが、お子さんが成長されたあとは、どうやってご主人と折り合いをつけていかれたんですか？　家で二人きりになってしまいますよね？

中村　それがまた、ようできてて、若いときは暴れん坊だった夫も歳をとってくると飲み歩く元気もなくなっていったから、扱いやすくなったんや。

奥田　なるほど。歳をとれば、自分だけじゃなく、連れ合いのエネルギーも減っていって、いい具合に衝突しにくくなる……これも老いるメリットの一つかもしれませんね。たしかに人と衝突するには、莫大な心のエネルギーが必要です。**老いると、人間関係の軋轢を起こすエネルギーも自然と少なくなっていくんですね。**

中村　そうそう。老いると人は穏やかになるって言われるけど、人とトラブルを起こすのが面倒くさくなるってこともかなり影響してると思うわ（笑）。

結局、息子二人が結婚したあとも、めっきり大人しくなった夫と離婚することなく暮らしたんやけど、夫は積年の無茶がたたって脳梗塞を繰り返してな。最後は介護生活を目前にして、胸部大動脈瘤が破裂して逝ってしまった。

このへんのことは前の本にも書いてもらったけど、誰にも迷惑をかけない、あっぱれな死に様やったな。夫とは本当に色々あったけど**「終わり良ければすべて良し」**になったから不思議なもんやわ。

奥田　「終わり良ければすべて良し」って言葉、すごくいいですね。今、家族関係や職場の人間関係でうまくいかないことがあっても、長い年月が過ぎたのちには「終わり良し」になる可能性があるって考えると、なんだか希望が湧いてきますね。

友達が多い方がいいというのは、思い込み。交友関係は広くなるほど、悩みも増える。

奥田　先生が実践してこられた、人間関係のストレスをなくしていくコツは他にもありますか？　この悩みは、とにかく尽きることがないですよね。

中村　そんなん、気の合わない人と付き合わないことに限るわ。世の中の人は、どういうわけか、友達は多い方がええって思い込んでいるけど、**たくさんの人と関われば関わるほど、価値観が合わない知り合いが増えるだけ。**それで腹を立てたり、落ち込んだり……ろくなことがないやろ。

奥田　人間関係が広がれば広がるほど、悩みも比例して増える。当たり前のことですよね。私自身、むやみに人脈を広げようとしていた時期もあったのですが、やっと自分に合う人がわかってきて、付き合いを絞るようにしたら人間関係の悩みが減ってきた気がします。

今の時代がやっかいなのは、SNS（ソーシャル・ネット・ワーキングサービス）が発達して「広く浅い」人間関係が作りやすいことです。インターネット上でどんなに気が合っても、会ってみると想像とぜんぜん違った、なんてことはザラで、そもそも公開している職業や、下手したら性別だって本当かどうかわかりません。今はそういった**薄い繋がりの人間関係**がすごく増えていて、そこでストレスを感じる人も多いのです。

中村　難儀なことやなあ。私は昔から内向的だったし、青春時代は戦争で、生きて食べるので精一杯。友達を増やそうとか、一人が寂しいとか、考える暇もなかったな。そんな調子だから、働きだしてからも、来る者拒まず、で気が合ったら付き合う。友達は多くないけど、おかげさまで友達関係においてストレス感じたことは、ほとんどないよ。

奥田　たしかに先生は医局（病院で医師が集まる部屋）でも、誰かと一緒にいるのではなくて、いつも一人で静かに座っていらっしゃって、話しかけられたら楽しくおしゃべりするというスタンスでしたよね。

中村　それが私のスタイルやったな。こっちから誘うことも滅多になくて、誘われて興味があったら行くし、話しかけられたときに時間があれば話す。で、気がついたら友達になって長く付き合う人もいれば、ちょっとの関わりだけで終わっていった人もいる。**それでこの歳まで何も不自由はしていないよ。**

奥田　先生の話を聞いていると、私たちがどれだけ、「人付き合いを広げなきゃ」「友達たくさん作らなきゃ」と刷り込まれてきたかがわかります。

SNSなどで簡単に人と繋がれる時代であるからこそ、むやみやたらと薄い繋がりを広げるのではなく、**数は少なくても、本当に自分と合う人を見定めていく**必要がありますね。

人とわいわいやれるのは、才能の一つ。向いていない人もいるから大丈夫。

奥田　私は先生とお話ししていると、先生流の**人間関係のコツは、とにかく余計な欲を持たれないこと**だと感じます。例えば友達をたくさん作って、わいわいと楽しもうという欲なども、全くお持ちじゃないですよね。

中村　欲がないっていうか、私は**友達とわいわい楽しむことにも、かけっこや歌と同じで才能がある**と思うねん。それがないんよ。おまけに生きるか死ぬかの時代が青春やから、食べるものや、命があるだけで満足してしまうの。あの頃を生き抜いてきた私らにしてみれば、友達が少なくても孤独でも、どうってことないよ。

奥田　今の人は、小さい頃から友達は多い方がいい、友達がたくさんいることが素晴らしいっていう刷り込みがされているんですよ。

幼稚園児や保育園児の頃から**「一年生になったら、友達100人できるかな」**って歌わされてきましたから。「友達が少ないと恥ずかしい」というコンプレックスを持っている人って、実はたくさんいるんですよ。

中村　へえ、そうなんかいな。友達が少ないと恥ずかしいなんて、私は考えたことないけどな。そもそも100人も友達がいたら、疲れ果ててしまうわ。

他人さんと会っているときは、多かれ少なかれ、自分のやりたいことや言いたいことを我慢するやろ？　大して好きでもない人に「こんなこと言ってもいいやろか？」「聞いてもいいやろか？」ってあれこれ気を遣うくらいなら、一人でいる方が楽でええなあ、私は。

奥田　人間関係のストレスは、価値観の違いが大きいほど起こりますからね。

私自身も、浅く広い付き合いは苦手な方で、少人数の人とじっくり安心して付き合う方が好みです。深くお互いを知ることで、家族に近い感情を持ってお付き合いできる人が「友達」という感覚なんですよね。逆に広く浅く付き合うことが得意な人もいることは事実で、そういう人は**他人に求める絆の深さが違う**のだなと感じます。後者のタイプの人は、他人とごく一部分を共有し合えば満足で、多彩な人間関係をあれこれ楽しみたい。

つまり価値観が、私のようなタイプと全く違うわけです。どちらが良い悪いではないのですが、価値観が全く違う相手と付き合うとしんどいだけですよね。**自分の付き合い方のタイプを見定めて、価値観の近い人と無理しないで付き合う**ことが人間関係のストレスを減らすコツだと思います。

中村　無理する必要は全くないと思うね。それに親友であっても、100％自分と価値観が合う人は絶対にいない。ずっと他人さんと一緒にいると、その違いがどうしても出てくるやろ。私はそこに気を遣ってしまうから、友達付き合いはそこそこにしておいて、一人でいる方が気楽なんやね。

人間は孤独が本来の状態。一人時間が自分を豊かにする。

奥田　先生は一人でいることが全く苦にならない方ですよね。一方、私くらいの世代もそうですが、若い世代になればなるほど、一人ぼっちでいることにコンプレックスを持ったり、孤独感に悩んだりする人が多いようです。先生は一人でいるとき、孤独感とどう向き合ってらっしゃるのですか？

中村　もちろん孤独は感じるけど、そもそも**孤独は恥ずかしいことやの？**そこにコンプレックスを感じるっていうのは、私にとっては非常に不思議な感覚や。私は人間、孤独で当たり前やと思ってる。むしろ、一人の時間がないとしんどいくらい。誰にも気を遣わんと、一人でしたいこととして、考えた

いこと考えられる時間は、なくてはならないよ。

奥田　16歳から誰の力も借りず、一人で生きてきた先生が仰ると説得力があります。まずは「一人は恥ずかしい」「孤独はみじめ」といった妙な先入観を、私たちは見直さないといけませんね。

中村　その気持ちがある間は、一人の時間は居心地が悪いだろうね。

奥田　私は産業医や精神科医として色々な世代の方と面談しますが、とにかく**「孤独は良くないこと」**と多くの人が思い込んでいます。

例えば休日に一人で過ごしているときにふと「私って寂しい人間なのかな」と思ってみたり、SNSで友達が誰かと楽しそうに食事をしたり、遊んだりしている写真を見てしまい、さらに自己嫌悪に陥る……という話をよく聞きますね。私自身も大学生ぐらいまでは、そんな感覚がありました。

中村　そんな面倒くさいこと、今の人は考えているの？　他人さんがどう過ごしてるかなんて、どうでもええやんか。人に囲まれて楽しそうに見えても、本当は気を遣いまくって窮屈な思いをしていることって、けっこうあるもんよ。一人なら誰に気兼ねすることもなく、のびのび快適にグータラ過ごせるやんか。

奥田　先生は他人に細やかに気を遣われるからこそ、一人で過ごす時間が欠かせないんですよね。孤独が怖いとか苦手と感じる人は、先生のように**「一人は気楽で快適」**という捉え方に、変えていけると良いですね。

かくいう私自身は、今は家族と暮らしているので孤独を感じることは少ないのですが、子どもたちが巣立ってしまったあと、果たして先生のように孤独上手になれるかどうか、ちょっと自信がありません。先生は何をして一人の時間を快適なものにしているんですか？

中村　それそれ！　その「何かをしなきゃいけない」という決めつけが、一人時間を貧しくしていると思うよ。**なんもせんでええやん。**私なんてサボり放題、だらけ放題よ。ゴロゴロとソファで寝転んだり、日向ぼっこしたり、テレビ見ながらボーッとしたり。そのうち何かしたいことを思いついたら、ゆっくりやってみるって感じ。

奥田　なるほど。たしかに常に何かしていなくちゃいけない、楽しまなくちゃ時間がもったいない、というのも、孤独が苦手になる刷り込みの一つですね。とにかく誰の目も気にせずに、グータラ好き放題に過ごしていいよ、とまずは自分を許してあげると孤独が楽しくなるかも！

中村　せやせや、そういう固定観念を捨てていけばいいんや。今の人は、**「あれこれしなくちゃ」と思い過ぎ。**時間に追われ過ぎているんとちがいますか？

奥田　「あれこれしなくちゃ」という時間に追われる感覚と、孤独への苦手意識は、大いに関係しているかも。今は身の回りがどんどんデジタル化してしまって、ソファに寝転がっていてもスマホやテレビから絶えず情報が入ってくるので、常に刺激を受けてしまうんですよね。

だからボーッと何もせずに過ごしていると、**取り残されていくような感覚**

に襲われてしまうのかもしれません。私自身、アナログな昭和時代の記憶をたぐれば、家でのんびりと空の雲を眺めていたり、電車に乗っていても、スマホの画面ではなく、窓の外の景色を見ていたりといった**「何もしない時間」**が、もっとあったような気がします。

中村　たしかに、私の感じている時間の流れと、今の若い人たちが感じているそれは、ちょっと違うのかなと思うことはあるね。私は携帯でメールはするけど、若い人のようにスマホでニュースや動画をずーっと見たりしないし、情報はテレビや新聞を見るだけ。

　SNSやらで他人さんの生活に触れる機会もないから、自分と他人を比べる材料もない。**一人でいると時間がゆったりと流れていく**し、誰に気を遣う必要もなくのんびり過ごせるから、それが非常に心地良くて仕方がない。

奥田　先生の生活は、まさに「デジタルデトックス」とか「ITデトックス」と呼ばれる形ですね。私たちの世代は、IT技術で生活が便利になった反面、常に時間に追われ、情報に振り回されています。その結果、一人でゆったりとした時間の流れを楽しむ、心の癒やし方を忘れてしまっている。それに加えて、もともと一人の時間に対する罪悪感やコンプレックスを抱かせられるような、社会からの刷り込みもあります。

孤独を怖がる人が増えているのも、自分と向き合う一人時間を過ごせなくなった、現代人の心のひずみの表れなのかもしれませんね。もっと時間に追われず、情報や刺激を追いかけず、一人でゆったり過ごす感覚を意識して作り、それに慣れる必要があるのかもしれません。

中村　なるほどね。先生に分析してもらったら合点がいったわ。私は一人でいるときは、何にも追われる気持ちはしないし、誰が何しているかも気にならへん。ボーッとしていることもあるし、ふと思いついたことをやってみることもある。**ひたすら自由なんやな。**

あ、そうそう、この自由に過ごせる一人の時間をたっぷり持てるのも、子どもを独立させたあとの老人の特権やで。私も、子どもがある程度大きくなった40歳ぐらいからは、ふと思い立って、ふらりと日帰りバスツアーに出かけたりもしていたね。私の他にも一人で来てる人が必ずいたから、たまには一人者同士でしゃべったりして、それはそれで楽しかったな。

奥田　私も先日、徒歩で遺跡を巡る半日ほどのツアーに参加したんですが、運動にもなるし、知識も増えるしで楽しかったです。最近は一人で参加できるようなツアーも増えているらしいですね。

中村　一人でふらりと行く旅もいいもんやで。私も若い頃は、学会を口実にして、日本全国あちこち行ったもんや。学会に行ったついでに日帰りとか、せいぜい一泊や二泊の小旅行やったけどな。

足腰が元気なうちにあちこち回って見聞を深めておくとな、テレビの旅番組が楽しくなるねん。「ああ、あそこはこんなふうに変わったのか」とか。**80歳過ぎて体力が落ちてきたときに、旅番組を観るだけで観光気分になれるよ。**

たかが一人や二人に嫌われたところで、死ぬわけじゃなし。

奥田　先生は**「人に嫌われたくない」**と思ったことはありませんか？　今も昔も日本人は誰かに嫌われるのがすごく苦手でしょう？　若者も高齢者も、誰もが嫌われることをすごく怖がっていて、本音が話せずに自分を抑えつけて、ストレスを溜める人が多いです。

中村　私だって人に嫌われるよりは、好かれたいって思うよ。物心ついた頃は、近所付き合いが今とは比べ物にならないくらい濃密やったから、嫌われて村八分にあったら生きていけなかった。

戦時下で言論統制もひどかったから、お国の方針と反対の意見を言おうものなら、嫌われるどころか憲兵にしょっぴかれて留置場に放り込まれたし。でも今は、そんな時代と違うやろ。日本全国、どこでも好きなところへ行って生きていけるやろ。それほど皆に好かれようとしなくてもええんと違う？

奥田　私もそう思います。今は地域との付き合いもすごく浅くなっているし、仕事だって自由に転職できるわけですから、自分が関わる世界に選択肢があります。無理に自分を抑えて嫌われるのを恐れるより、我慢ができなくなったら合わない人たちとは離れてしまえばいいんですよね。

中村　私の子どもの頃と違って、平和で、自由に動ける時代なんやから、のびのび自分らしく生きたらええと思うんやけどね。その気になったら海外にも行けるしなぁ（笑）。

ところが、外来で診察していると、人に嫌われることを過剰に気にしている人の多いこと、多いこと。**「一人や二人に嫌われても、そんなに気にすることないやんか、嫌われたって死なへんで」**って言ってあげるんやけどね。

奥田　そうなんです。職場や学校、子どものママ友との関係とか、ちょっとでも意見が対立したり、トラブルになったりすると、異常に落ち込んでしまう人が多いです。もっとも、実際に、飲み会やランチに誘われない、SNSのグループを外されるなど、小学生のイジメのようなことをされて傷ついた方もいらっしゃいました。

中村　日本人はいつまで経っても村八分のイジメ方が忘れられないようやなあ。どうして人は人、自分は自分って違いが認められないんやろうね。

私はそういう悩みを相談されたら、「そない心の汚い人たちと無理に仲良くしてもらわなくてもええやん。もっと自分をそのまま受け入れてくれる人を探したらどう?」ってアドバイスしてるわ。

奥田　私も同じです。仕事でいえば、職場はお友達を作るところじゃなくて、働いてお金を稼ぐ場なのだから、自分に与えられた仕事をきっちりこなせる程度の人間関係があればそれでいい。もしイジメがひどいようなら、今はパワハラ防止法もしっかり定められていますので、会社の人事部に訴えればいいですしね。それでもイジメや嫌がらせが止まないなら、そんな職場はさっさと愛想をつかして転職を考えるべきです。

中村　主婦の悩みを聞いていても、同じような感じやね。母親同士の付き合い、今は「ママ友」いうんか、話を聞いてると面倒くさいもんやね。ママ友っていうけど、あんなものは**子どもを間に入れた、子どものための繋がり**。つまり純粋な友達やないんだから、無理に本当の友達になろうとしなくてもええんやないの？

合わないなって思ったら、挨拶する程度の付き合いにしておくとか。それで仲間外れにしたいのやったら、どうぞどうぞって開き直ったらええ。子どもは学校で勝手に仲良くなって遊ぶようになるから心配はいらん。

奥田　私自身は子どもを挟んだ奇妙なママ友付き合いがどうしても苦手で、結局、無縁なまま子どもたちは高校生と大学生になりました。でも、親しいママ友がいなくても、ほとんど困らなかったですね。
子育てのことは先輩の女性に相談したり、学校のことは直接担任の先生に聞いたりすれば事足りましたから。まれに学校行事などで気が合う人と出会えたら、逆に子ども抜きでお友達になりましたね。

中村　私の子育て時代と同じやな。一番ストレスがかからない付き合い方や。

奥田　ママ友だけじゃなくて、子育てが一段落したあとに付き合いが始まる、趣味のグループやボランティア仲間なども同じことが言えますよね。誰からも好かれようと頑張り過ぎないで**「たまたま、ありのままの自分を受け入れてくれる人がいたらラッキー」**くらいに考えればいい。

中村　そうそう。特に歳をとればとるほど、見栄や打算、人目を気にして、嫌々付き合うような人間関係は清算していった方がいい。そんなのに使う心のエネルギーと体力がもったいないからねぇ。

高齢者になると人間関係の疲れはなかなかとれない。人は選んで付き合うこと。

奥田　これまで先生とお話ししてきて、私たちがいかに無駄な心の刷り込みや世間体のために、必要のない人間関係のストレスに悩んでいるかが見えてきました。

中村　何もない時代に育ったけど、その経験が役に立ったというもんや（笑）。

奥田　この必要のない人間関係を、老いを意識し始める50代頃から、さらに思い切って手放していくと楽になれそうですね。歳をとれば社会人生活も終わりが見えてきますし、子どもがいれば独立するし、守らなければならないものが少なくなってきます。自然と、これまでのように無理をして付き合わなければならない人も減ってきますね。

中村　そう。歳をとればとるほどに、生活のため、子育てのため、家族のためと辛抱することがどんどん少なくなるよ。

そもそも、歳とると体力も気力も若い頃のようにもたなくなってくるから、無駄な人間関係に使う余裕がなくなってくるしね。我慢して人と付き合っていると、疲れがとれなくなっていくんや。

奥田　老化に合わせて体力・気力が落ちる分、**人間関係に使うエネルギーも「省エネ」しなくちゃいけない**ってことですね。

中村　うまいことというな。そう、省エネや。歳をとってからエネルギーを無駄なことに使うと、ほんまにしんどいよ。歳をとってから「友達100人」おったら早死にするんと違うかな（笑）。

奥田　特にエネルギーを消耗するのは、自分を不安にさせてきたり、見聞きしたことを大げさに伝えてきたりする人と接しているときだと思います。

中村　そうね。私も人生で大変な時期ほど、付き合う人にはけっこう気を付けてきた。精神科医という仕事柄、色々な人の話を聞いてきたけど、いつも不幸なことばかり上手に見つけ出して、それを他人と舐め合うことで、連帯感をたしかめたい人がおる。残念やけど、こうした人と関わっていると元気が奪われてしまうね。

奥田　たしかに。どの年代でも、こうしたタイプとは積極的に距離をとった方が良いですね。例えば昨今のコロナ禍でも、必要以上にコロナを怖がり、その不安と恐怖感を他人に押し付けてくる人がいましたよね。

そういう人は、医師である私が医学的な知見に基づいて「そんなに怖がらなくても、大丈夫だよ」という情報を伝えてあげても、なぜか不機嫌になるんです。こういう人たちは、他人にも自分と同じように心配や不安を感じさせて、**ネガティブな連帯をしたいだけ**、というのが本質なのだと思います。

どんな集団・組織においても、人の悪口や噂話が好きな人、何につけても愚痴ばかりいう人は、すべて同じ心理です。自分と同じように、他人にもネガティブな気分を感じさせて、共有しないと気が済まない。

中村　昔も今も人が集まれば、そういう人が一人か二人は必ずいるもんや。うまく距離をとって巻き込まれないようにしないと、どんどんエネルギーが吸い取られてしまうで。

奥田　はい、気を付けないといけませんね。できればそういう人たちとは付き合わない方がいいのでしょうが、もしどうしても、同じ職場で付き合わないといけないときなどは、先生はどうされていました？

中村　とにかく**ネガティブな話題には、乗らないこと**やな。「ふーん、そう」と興味をできるだけ示さないようにすると、「この人に話しても盛り上がらへんから、つまらん」と近づいてこなくなる。

奥田　なるほど。ネガティブな話題を盛り上がらせる燃料を投下しないってことですね。

ところで先生は、人との距離のとり方が非常に上手ですよね。例えば身近な人間関係でいえば、先生は同じ敷地内で暮らしている息子さん夫婦とも、上手に距離をとりながら付き合われていますね。

中村　もともと一人でいることが平気やったから、息子夫婦にも一切干渉してこなかったな。

私は夫が死んだあとも働いてきたから、ときには何週間も顔を合わせないこともよくあったし。さすがに足を折ってからは家にずっとおるようになったけど、今でも週に2回くらい一緒に食事するだけやしな。

奥田　私はまだ子どもが結婚する年代ではないのですが、外来をやっていると嫁姑問題でトラブルを抱えたご高齢者に出会います。診察していて思うのは、子ども夫婦にあれこれ干渉してトラブルになるのは、**寂しがりやの人、他人への依存度が高い人が非常に多い。**

寂しいから構って欲しいし、自分一人で何かをするのが不安だから子ども夫婦に依存したい。先生のようにお一人で仕事もプライベートも楽しめていれば安心なのですが。

中村　言ってしまえば、小さい子どもの「構って、構って」に近いかもしれんね。どんな人間関係でもそうやけど、こっちからあれこれ関わるよりも、**向こうから「お願い」って来たら「ええよ」って笑って引き受けてあげる**、という構えでいた方が、うまくいくよ。少なくとも私は、その方法で息子夫婦とも、職場の若い人たちともずっとやってきた。

奥田　受け身で見守る姿勢ですね。積極的に人と、広い交友関係を結んできた人も、歳をとったら無駄なエネルギーを使う人間関係は手放して、少し受け身になっていく方が良いですね。

印刷だけの年賀状は不毛なお付き合いの象徴。社交辞令の関係は徐々に清算していく。

中村　これまで話してきた通り、私は若い頃から**「来るものは拒まず、去る者は追わず」**の精神で人と付き合ってきたけど、それでも働いていると表面だけの浅い人間関係はどうしても増えてしまう。

そこで年賀状なんかは、70歳過ぎた頃から徐々に減らしていって、今ではスッパリ止めてしまったわ。

奥田　そういえば、先生はいつも1月15日を過ぎた頃に、お返事をくださっていましたよね（笑）。

中村　まずは年賀状もらった人の中から、親しく付き合っている人だけお返事するようにしたんや。そしたら義理や社交辞令で付き合っている人との交流はどんどん減っていった。便利なもんやで。

奥田　たしかに、年に一度も会っていないような人から、表も裏も印刷のハガキをもらっても嬉しくありませんよね。返事を書く手間、お金、資源の無駄です。

中村　現役世代で働いているときは、社交辞令やお義理の付き合いの一つや二つはどうしても必要やろうけど、老人になってきたら何事においても、自分にも相手にも有意義なエネルギーの使い方をするべきやと思うね。

奥田　浅くて信頼関係のない付き合いは、60歳ぐらいから徐々に整理していった方が良いですね。

中村　老いるってことは、**自分の気持ちにわがままに生きやすくなるね。**最近はどんどん面倒くさがりになってきて、滅多に自分から電話もしないし、気が向いたらメールするぐらいやな。

奥田　先生はそのお歳で、メールが使えるのはすごいですよね。

中村　メールはええなぁ。電話みたいに気を遣わへんし、時間もとらん。こっちの好きな時間に送れるし、社交辞令なしで、したい話だけ書けるしな。遠くに住む弟や友人たちと、安否確認用として気楽に使っとる（笑）。じっくり話をしたくなったら、お互いの都合がええときに、長電話して楽しんでるわ。

奥田　人間関係に費やすエネルギーを省エネしながら、気が合う人と付かず離れず付き合っていくのが、中村流の人付き合い法なんですね。

中村　そうそう。繰り返すけど、他人さんには近づけば近づくほど、同じだけストレスも生まれるからね。

家族だけは別物と言う人もいるかもしれんけど、結局は同じことよ。**近づき過ぎないことがコツやないかな。**人付き合いのストレスを減らしたければ、他人さんじゃなく、孤独と仲良くすることや。

奥田　先生のように一人で過ごす時間とうまく付き合えるようになれば、人生に本当に必要な人間関係が、クリアに見えてきて楽になれそうですね。気力も体力も落ちてくる**50代あたりからは、一人時間を増やして孤独に慣れながら、徐々に社交辞令的な関係からは遠ざかるように意識していく**と良いのですね。

そして現役世代を引退する60代ぐらいからは、本当にありのままの自分を受け入れてくれる少数の人たちと、ゆったり、まったりと付き合っていけたら、人間関係に煩わされない穏やかな老後が送れそうです！

第3章

「これまで」や「これから」で頭を満たさない

漠然とした不安の原因のひとつは、不必要に自分と他人とを比べていること。

奥田　ここでは、毎日の生活の中で、ふと湧き起こる不安な気持ちのあれこれを、先生と語ってみたいと思います。精神科の外来や、産業医としての勤務先で面談していると、若い人から年配の方まで、「ささいなことに、なんとなく不安を感じてしまう」と訴える人が多いんです。

中村　ふ〜ん、ささいなことって？

奥田　例えば、「私はこのままでいいのかな？」と感じて不安になるという人たちです。先日も大企業に勤めている40代後半の女性が、不眠で相談にお見えになりました。仕事、プライベートともに大きなストレスはない。ご主人との間に子どもはいないが、そこそこうまくいっている。お金に苦労しているわけでもない。

仕事については、特に大きな目標も望みもなく、定年まで勤め上げられたらいいな、と思っている。ただふと、40代後半になって、**「私はこのままでいいのかな」**という不安が湧き上がってきて眠れないというのです。

中村　ふ〜ん、仕事もお金も家族も順調やったら、言うことないやないの？　私らの世代は、そういう平和な暮らしを手に入れたいと思って戦中戦後、頑張ってきたようなもんやから。

奥田　ところが、あまりにも穏やかで変化がない暮らしだと、それはそれで不安になるようなのです。その女性は、同世代の同僚たちが子どもの進学の苦労話で盛り上がっているのを聞いて、不安になってきたと言ってました。

中村　お子さんがいない人生が、不安ってことなのかな？

奥田　子どもがいないこと自体は、特に気にしていないらしいのです。もともと、子どもがどうしても欲しいという夫婦ではなく、「自然に任せて、できたらできたでいいし、子どものいない人生になったとしても、それはそれでいいね」という感じで、満足して生きてきたと言っていました。

中村　それやのに、何で不安になるのかなあ？

奥田　その女性によると、同世代の人たちがしている苦労や経験が、自分にはないことがなんとなく不安だと。漠然と、自分の選んだこの人生で良かったのかな、これからもこのままでいいのかなと思って悩んでしまう。

中村　なるほどねぇ……子どもを持たなかったことに後悔はないけど、子育てという苦労や経験を持たなかったことが気になってしまうんやね。これは、無意識に**自分と他人を比べている心理**があるね。

奥田　他人の持っているものが欲しいというわけではなく、それを自分が持っていないことに、これでいいのかな、持たないままでいいのかな、とふと不安になってしまうんですね。

中村　今、思い出したけど、似たような女の人を診たことがあるな。子どもがいる専業主婦の奥さんで、何不自由のない暮らしをしているんやけど、なんとなく不安になるって、しばらく私の外来に通っていたなぁ。

奥田　その方も、やっぱり無意識に他人と自分を比べていた？

中村　そうやね。その人の場合は、先生のケースとは逆で、仕事をしている人の人生と自分のを比べて、「私は子育てが一段落してから、これといって熱中できることもないし、世の中の役にも立っていない。私、これでいいのかな……」って言っていたよ。

奥田　先生は、どうアドバイスされました？

中村　「それでええんよ、子どもを育て上げたことだって、すごい仕事なんやから」って。「あなたが自分の生活や、今までの人生に満足しているならば、それでええやんか。**人は人、自分は自分。**もし自分の人生に満足してなかったら、何か始めたらええやないの」とか言ったような気がするな。

奥田　私もさきほどの女性には、似たような言葉をかけました。「どんな人生にも完璧はないし、みんな不完全ですよ。不完全なところも人それぞれ違います。自分に足りないところにばかり目を向けていたら、後悔と不安ばかりになってしまう。**自分が持っているもの、やってきたことにもっと目を向けましょうよ**」ってお伝えしました。そして自分の持っているものや、今までやってきたことを書き上げてもらったりしましたね。

中村　なるほど、それはいいアドバイスしたね。

奥田　あとは不安の根っこを掘り出す作業もしました。「なぜ不安を感じるのか？」とじっくり掘り下げてもらったり、逆に「何があったら、不安じゃなくなるのか？」と考えてもらったりしましたね。

そしたら、冒頭の女性の場合は「歳をとってから、夫が先にいなくなったら一人になる。子育ての苦労をしなかった代わりに、老後は孤独になってしまうかも……」という**不安の根っこ**が見つかりました。

中村 漠然とした不安にも、探せば根っこが見つかるもんやね。

奥田 その女性には、「老後に一人になってしまう不安」という根っこが見つかったので、そこを解消するために何かできることはないかと、ご本人に考えてもらったんです。すると、**「一生付き合える親しい友達が欲しい」**という答えが見つかりました。

その女性は、友達はいることはいたのですが、あまり深い付き合いをしてこなかったそうです。仕事も頑張ってこられたので、いわゆる「広く浅い」人間関係ばかりだったらしく。

そこで一念発起して、以前から友達の一人に誘われていたボランティア活動に参加し始めました。毎月定期的に会うことで、その友達とより親しくなってきたそうですし、新たな友達候補も見つかったとかで、少しずつ不安になる時間が減ってきているようです。

中村　それはええね。先ほど語ったように、老いてきたら社交辞令的な人付き合いはストレスになるだけやけど、本当に気の合う友人が少数でもいたら、老後の心の支えになるからね。私も少ないけど、何十年も長く付き合っている友人がいて、たまに電話するのは楽しみや。

奥田　先生は孤独に強い方ですから、友達で孤独を紛らわせようとされないことも、友達と良い関係が続くポイントですね。べったりとした付き合い方をすると、相手の欠点が目につくこともありますからね。

話を元に戻しますと、漠然とした不安に襲われたときは、**「無意識に他人と自分を比べていないかチェックすること」**、そして**「自分の人生の不完全なところにばかり目を向けないこと」**が大切。さらに可能ならば「不安の根っこ探し」をして、それを解消するような行動をしていければ、なお良しですね。

中村　そうやね。あれやこれやと忙しく動いているうちに、**不安を感じる暇もなくなる**ってこともあるからね。

人は夜になるにつれ、不安になる生き物。あえて忙しくすることで、頭から追い出せる。

奥田　たしかに、ほど良く忙しくすることには**「不安を感じる暇をなくす」**という効能がありますね。忙し過ぎるのは心身が疲弊して良くないですが、暇を持て余すのも無用な不安を感じる原因になってしまいやすい。

中村　私が一人の孤独の時間をまったりと過ごすのが好きになったのも、もしかしたら、忙しく働いている時間が長かったからかもしれんね。一日中ずっと暇やったら、考えても仕方のないことを考えて悩んでしまうというのも、大いに理解できるなあ。

奥田　人と人との間で忙しく立ち働いていたら、反動で、一人きりでボーッとしたいと思いますからね。時間があり過ぎることで、不安なことがついつい浮かんでしまうという人は、アルバイトでも、趣味でも、ボランティアでもいいから忙しくしてみるのも良いかもしれませんね。

人は夜になるにつれ不安になりやすいことは、よく知られていますが、日中せわしなくしていれば、夜もバタンキューッと寝てしまいます。まさに恒子先生の若い頃の生活スタイルですね。

中村　あの頃は、家事は今の何倍も時間がかかったし、便利なスーパーやコンビニもなかったからね。仕事帰りに食料を商店街で買い回って、家に帰って夕食を作って、そのあと洗濯やアイロンがけ、繕い物なんかやっていたら、あっという間に時間が過ぎてしまったからなぁ。今は便利になったから、あれこれ考える時間が多過ぎるんと違う？

奥田　そうだと思います。いくら考えてもわからない未来のことで思い煩い、どんなに後悔しても変えられない過去を思い出して、うじうじと自分を責める。私自身も経験がありますが、一度そういった気分に取り込まれると、なかなか抜け出せずに時間を浪費してしまいます。

中村　豊かな時代になって、自分と向き合う時間がたっぷりとれるようになったのは、けっこうなことやけど、**思い悩む時間まで増えてはね。**

まだ来ない未来のことを過剰に心配したり、考えても仕方のない類の悩みに囚われたりしているのに気がついたら、さっき言ったみたいに考える暇もないくらい仕事をしたり、家事をしたりして体を動かして、頭から追い出す。これに限るよ。

奥田　時代といえば、昨今の世間は新型コロナウイルス感染拡大のニュース一色で、不安を増大させた方は多いと思います。その点、先生は、昨今のコロナ禍よりも、もっともっと恐ろしい戦時中に思春期を過ごしていらっしゃったのですよね。

中村　たしかに、戦時下は今とは比べ物にならないくらい未来が見えなかった。とにかくその日、その日にやることを必死にやっていた感じやな。

奥田　日本人はみんな「進め一億火の玉だ」のスローガン通り、戦争の勝利目指して頑張っていたんですか？

中村　いや、私は戦争が始まったころから、負けると思ってた。日本がアメリカに勝つなんて無理ってことは、ちょっと考えればわかるよ。

　わかっていた人はそれなりにいたやろうけど、口に出したら非国民扱いされて村八分になるから、負けるとは言えなかった。だから余計に、明るい未来なんて見い出せないんだな。

奥田　それでも、先生は16歳で高等女学校を卒業してすぐ、たった一人で広島の尾道から汽車で大阪に行って、大阪女子高等医学専門学校に入学された。その行動力と勇気はどこから出てきたんですか？

中村　とにかく先のことはわからへんけど、**それでも人間は食べて、生きて**

いくしかないやろ?　だから未来がどうなるかは神様に任せて、とにかく目の前のこと、とにかく食べていくためにはどうしたら良いかだけを考えていた気がするな。

うちは貧しい家やったし幼い弟も二人いたから、私はとにかく自分で稼がないといけなかった。そんなとき叔父が学費を出してくれるっていうから、じゃあ医者になれば自活できるようになると思って、大阪に行くことに決めたんや。

奥田　なるほど、先のことは考えず、目の前に存在する、生きていくために必要なことに集中されていたんですね。**「今に集中して生きること」**は、現代でも、とても役に立つ考え方だと思います。

数年前から仏教で行われていた瞑想が「マインドフルネス瞑想」としてブームになっていますが、あれも未来や過去に囚われがちな心を、「今ここ」に戻して、生きるための方法なんですよ。

中村　言われてみればそうかもなぁ。戦時中は失ったもののことや、先々の不安を考えてもしゃあないし、誰もが意識的にその日のこと、その瞬間のことに集中していた気がするな。

まず、とにかく食べるものがなかったから、それをどうやって調達するかに必死にならざるを得なかったし。とにかく毎日、生きるために必死やった。

奥田　現代の私たちが同じような境地に立って生きるのは不可能だと思いますが、今の時代に置き換えるとすれば、ウイルスの感染拡大のニュースなど見通しが立たない未来の不安ばかりに囚われるんじゃなくて、**今日やらなければならない仕事や家事、目の前の家族たちとの時間にできるだけ集中していこう**、ということですね。

中村　そうやね。戦争しているときに比べたらはるかにマシやで。爆弾が降ってくるわけじゃなし、食べ物もあれば、住む家もある。社会の何もかもが壊れてしまうわけやないからね。日本人は空襲で焼け野原になった街でも、しぶとく生き残って、ここまで復興させてきたんや。もっと自分たちの強さを信じたらええと思うよ。

奥田　なんだか元気が出てきました。恒子先生が思春期を過ごされた戦時下の生きるか死ぬかの世の中と比べれば、今のコロナ禍は充分耐えられます。

中村　せやせや。人間、食べられて眠れていたら、なんとか生きていけるんやで。**目の前の日々を大切に、一日一日生きていけば、陽はまたのぼるよ。**

明日の心配や昨日の後悔が止まらないときは、瞑想で心を「今ここ」に戻す。

中村　先生がさっき言ってた「マインドフルネス瞑想」について、詳しく教えてくれる？　興味あるわ。

奥田　マインドフルネスというのは、一言でいえば**「今ここに、正しく気付く」**ということです。つまり過去や未来に囚われてくよくよ悩んでいる心を、「今ここ」に取り戻して、しっかり集中させるための練習です。

中村　なるほどな。人間、油断するとすぐ、心が今じゃないどこかに飛んでいってしまうからな。

奥田　実は私の中では、先生はマインドフルネスの最高の実践者です。先ほども話しましたが、戦時中という悲惨な時代に、不安に押しつぶされずに、ひたすら「今ここ」のことを考えて生き抜いてこられた。

戦争が終わってからも、放埒《ほうらつ》なご主人とも工夫して暮らしながら、そのとき、そのときにできる仕事を90歳まで、たんたんとこなされた。

中村　生きるために、そうせざるを得なかっただけなんやけど（笑）。でも、戦時中に青春時代を過ごしたおかげで、くよくよ悩み過ぎない癖はついた。

明日のことを心配してもしゃあなし、昨日のことを後悔しても時間が戻るわけじゃなし。ま、開き直りやな。戦中派のたくましさは、このへんから来ていると思うよ。

奥田　ところが、生活が豊かになるにつれ、テレビにインターネット、スマホと情報が洪水のごとく入るようになり、先生のように「今ここ」に集中するのがとても難しくなってしまいました。

しかも、不安をあおる情報がユーザーに注目されやすいから、供給側もそういったコンテンツばっかり流すのも問題です。そこで、仏教の瞑想法を活用して、マインドフルネスになる方法が注目されているんです。精神科でも心理療法として使われ始めていますね。

中村　へえ、仏教の瞑想法を使って、心をマインドフルネスにするんやね。禅の座禅みたいなもの?

奥田　座禅に似たやり方もあるんですが、**日常生活の中でもできる**んですよ。例えば、深呼吸でもマインドフルネス瞑想ができます。

空気が鼻から入って出ていく流れをじっくり感じながら、ゆっくりと息を吸い込んで、お腹が膨らんでいくのを感じ取る。そして息を吐くときにも、お腹が凹んでいくのをじっくりと感じつつ、空気の流れをしっかり意識しながら吐き出す。

こうした体の状態に心を集中させながら深呼吸することで、余計な思考に振り回されにくくなってきて「今ここ」に心を留められるわけです。

中村　ほう、深呼吸でもできるんやね。意外と簡単やね。

奥田　はい、他にも食べ物を使ってもできます。まず、口に入れようとする食べ物のにおい、色、形などを、まずは嗅覚、視覚、触覚を使ってたしかめます。例えばパンならば、色、形をじっくりと眺め、細かな表面の模様、凹凸、焼き色などにできるだけ詳しく気付いていきます。そして、鼻の前に持ってきて香りをじっくりと嗅ぎます。

　パンをゆっくり口に入れ、すぐに噛まずに、舌の上で転がしながら味や舌触り、口の中に広がる香りをじっくりと感じる。そのあとに、ゆっくりゆっくり噛みながら、味や形の変化をできるだけしっかりと感じ取って食べていく……という具合にすれば、「食べる瞑想」ができます。

中村　ふ〜ん、五感を使って食べ物と食べることに集中する感じやね。

奥田　その通りです。**五感を意識的に使うことで、心を「今ここ」に呼び戻**

して、集中させているんです。今に集中できれば、心が未来や過去に飛んでいくのを予防できます。これを日常生活に取り入れられれば、不安や後悔に囚われることがだんだん減って、**目の前にあることに集中しやすくなる**と言われていますね。

中村　なるほどなぁ。私なんかは毎日忙しくて忙しくて、生活をゆっくり楽しむ時間もとれへんかったから、自然と目の前のことしか考えずに生きてこられたけど、今の人は豊かになった分、あれこれ工夫して心を今に連れてきてやらないといけないんやね。

睡眠とバランスのとれた食事、それと夜のオフ時間が、心の栄養になる。

中村　先生自身も、**「今ここ」**を保つために工夫しているの？

奥田　実を言うと、私もかなりの心配性なので、自分でも「今ここ」を意識して生活しています。できるだけ先のことを悲観的に考え過ぎない仕組みを作って、日常に取り入れています。

中村　たしかに先生は繊細やもんね。私は心配性になりようがない環境やったし、のほほんとできる性格やったのも幸いしていたけど。みんながそうやないから、精神科医の先生が実践している工夫は読者も気になると思うよ。

奥田　まずは、**一にも二にも睡眠ですね。**私の場合は7時間睡眠がベストなんですが、睡眠が不足すると翌日は必ずネガティブな思考が多くなります。これは睡眠医学的にも証明されていることで、しっかり良い睡眠をとることで、脳の疲れがとれて感情が安定するし、睡眠中には嫌な気持ちや悪い記憶が薄められて、翌朝には気分が前向きになるようです。

中村　なるほどなぁ。私もけっこうしっかり眠るタイプやわ。

奥田　その他には、食事にも気を付けています。肉、魚、卵、大豆製品といったたんぱく質と、野菜や果物などのビタミン・ミネラル類、そして適量の炭水化物を1日最低2食はとるようにしています。バランスのとれた食事は、「セロトニン」や「ドーパミン」といった、**感情を安定させて意欲を出す脳内物質の原材料**になることもわかっていますから、しっかり栄養をとって前向きな気持ちや行動力の素を補給しています。

中村　科学的に考えて生きてるんやなぁ。私なんかの世代は食べられるものがあったら何でも食べてきたのに、ほんまにええ時代や。せやのに若い人に、うつ病の人が増えているっていうのは不思議やね。

奥田　私も精神科医や産業医として、就労世代のうつ病の人をよくカウンセリングしますが、現代はオンとオフの区切りがなくなって、**ずっとオンの状態になってしまっている人が多い**のが原因かなと。

中村　オンオフっていうのは、活動しているときとそうでないときってこと？

奥田　ザックリ言えばそうです。今はパソコンやスマホが発達して、家に帰ってもずっと仕事や連絡ができてしまいますよね。だから仕事からプライベートに、頭を切り替えられない人が多いのです。

おまけに、第2章でも話題に出ましたが、SNSで、家に帰ってまで、あまり親しくない他人といつまでもコミュニケーションをとれてしまうので、知らなくても良い情報が入ってきて、他人と自分の境遇とをついつい無意識に比べることにも繋がっています。

中村　それは気が休まらへんね。私の若い頃は職場の病院から帰ったら、家族としか話さなかったし、夜は仕事の電話も滅多にかかってこなかったから、仕事や他人さんとは自然に離れられていたわ。

仕事中はやっぱり他人さんのことが気になったし、色んなことを言われるからストレスを感じることはあったけども、職場を出たら完璧に離れられたからなぁ。

家に帰ったら、自分が医者やってことはスッキリ忘れて、家族のことをあれこれやらんといかんかったし。夜まで他人さんと付き合っていたら神経もたへんやろ？

奥田　だから、私は思い切って**関係の浅い人とインターネット上で繋がることを止めました**し、夜は家族や親しい人とだけ繋がるようにしています。入ってくる情報や人との付き合いを自分で調整することで、心の平穏を保つように心がけているんですよ。

中村　暇過ぎても不安になるし、忙し過ぎてもうつになるしで、現代はやっかいな時代やなあ（笑）。

奥田　大切なのは、メリハリ、バランスですよね。心や体をせかせかと働かせるオンの時間と、一人で気兼ねなくボーッとするオフの時間とのメリハリがつく生活を、先生のように歳をとってからも続けていると、心身の健康をキープしていけるんだと思います。

自己嫌悪感に襲われたときは、「まぁ、しゃあないな」と諦め、さっさと寝る。

奥田　ところで先生、日常生活でふと湧き起こる不安といえば、もう一つ、やっかいなものがありますね。いわゆる**「自己嫌悪感」**です。

中村　たしかに、外来でも「ときどき、自分のことがすごく嫌いになる」という人、いたね。

奥田　私自身も含めてですが、どうしてもっとうまく仕事ができないんだろう、なぜ私はもっと人とうまく付き合えないんだろう、などと自分を責めてしまう人は少なくありません。自己嫌悪感が湧くと、自分に自信が全く持てなくなってしまって、どんどん辛くなっていくんですよね。

中村　そう言われれば、私も若い頃はよく自己嫌悪を感じていたし、今もときどきあるよ。

奥田　長い間、精神科医を続けてこられたベテランの先生でも、自己嫌悪感に襲われて、自信をなくされることもあるのですか？　なんだか安心しました。ちなみに先生は、そんなときはどうしていらっしゃるんですか？

中村　もともと私は、自分に自信がこれっぽっちもないし、必要とも思わん。「自分なんかこんなもんや」と思っているから、失敗しても当たり前やし、人とうまく付き合えなくても当たり前。

それでもうまくいかない日には自己嫌悪を感じることもあるから、そういうときには**お酒を一杯ひっかけて、さっさと寝る！**　これに尽きるわな。

奥田　あはは！　なんだか先生らしいですね。でも先生の今の言葉に、大きなヒントがありますよね。「自分に自信がなくてもいい」ってところです。

私たちは自分に自信が持てなくなったときに、自己嫌悪に陥りやすいのですから。

中村　自己嫌悪になるのは、**自分ができなかったことや、失敗したことばかり思い出しているとき**やろ？　そもそも自分なんか、もともと大したことがないやつやと思っていたら、失敗しても「まあ、しゃあないな」って自分を許せるはずや。

そもそも失敗して落ち込んでいるときに、あれこれ考えてみたところで、いいことが思い浮かぶわけないからね。私は**「まあ、今回はしゃあないな。次から頑張ろ。とにかく寝よ」**って寝てしまっていたね。

奥田　先生は切り替えが素晴らしく早いですね！

中村　これも戦中戦後を生き抜いてきた図太さかもしれへんね。あの時代に、自己嫌悪でくよくよ立ち止まっていたら、食べていけなかったからね。

奥田　「今回はしゃあないな、次から頑張ろ。とにかく寝よ」って、すごくいい言葉ですね！　私もさっそく実践したいと思います。とにかく自己嫌悪って、ふとしたきっかけで囚われてしまうので、やっかいなんですよ。

中村　そうそう。ふっと湧いてくるもんやから、これは防ぎようがない。でも、あまり追及せずに寝てしまえば、さっき先生が言っていたみたいに、次の日は気分が変わっていることも多いよ。下手したら忘れてるかもしれん。

奥田　夜はそれが一番ですね。私は、日中に自己嫌悪に襲われて頭から離れなくなったときは、よく**お気に入りのテレビドラマや映画を見て気分を切り替える**ようにしています。

映像にはすごい力があるので、自己嫌悪に襲われているときでも、自分の大好きなテレビドラマや映画、アニメなどを見ていると、ついつい意識がそっちに取られるので、気分を上手に切り替えられるんですよね。

中村　今は、そういう切り替え方もできるんやね。便利やねえ。

奥田　私は前向きで、元気が出るテレビドラマや映画が大好きなんです。

ただ人によっては、思い切り運動したり、ダンスをしたりすると良いと言う人もいますし、自分の好きな音楽を大音量で流すという人もいます。

人それぞれですが、自己嫌悪に陥ったときは、あまり追及し過ぎないようにして、夜は**「とにかく寝る」**、昼間は**「意識を集中できること」**をして、気分をさっさと切り替えてしまうことが大切ですね。

同じ顔の人がいないのと同じように、他人の人生と自分のそれは、違っていて当たり前。

奥田　どういうわけか、みんな、**自己嫌悪に陥るのは自分だけ**だと思っていますが、これはどんな人にも付いて回ります。

周りから羨ましがられるような人でも、何かしらのコンプレックスを持っていて、そこを刺激されると顔を出すものです。特に、ふとした拍子に**他人と自分を比べてしまったとき**には、もれなく湧いてきます。

中村　そうやね。他人と己を比べるのは絶対に避けた方がええね。ときには、自己嫌悪になるし、逆に「あの人より己が優れている」と傲慢さが出てくることもある。いずれにしろ、他人と比べてもろくなことがないってことやね。

奥田　そうですね。またSNSの話になってしまいますが、他人の投稿を見ていて、つい自分と比較してしまう人は多いと思います。

何かの拍子に、自分より優れている人、自分が持っていないものを持っている人、自分がうまくいかないときに、幸せそうに見える人の存在に気付いてしまって……。

中村　あれは「今日、何した」「誰と会った」「家族や友達とこんな楽しいことをした」ってあれこれ他人さんに公開するんやろ？

奥田　そうです。毎日、日常生活をつぶさに報告している人もいますし、自分に良いことがあったときや、自慢したいときだけ投稿する人もいますね。

中村　私の感覚では考えられへん世界や……。自分のことをさらけ出し過ぎるのも、他人さんのことを知り過ぎるのも、ろくなことにならへんのにな。

でも、今はそういうのが流行っているってことは、とにかく見たくもない他人さんのことが簡単に目に入ってきてしまうってことなんやろうね。

奥田　その結果、つい他人の生活や人生と、自分のそれを比較してしまって、自己嫌悪に繋がっていくことも増えたのだと思います。

中村　知ってて欲しいのは、他人と自分の顔が同じじゃないように、**他人と自分の人生は違ってて当たり前**ってことや。他人が持っていて、自分にはないものもあれば、自分が持っていて、他人にはないものもある。

違いを探そうと思えば、いくらでも見つかる。いちいち落ち込んでいたらキリがないやろ?

奥田　今は、他人の生活や行動が、つぶさに見え過ぎてしまう時代だからこそ、**あえて比べないように強く意識しないといけませんね。**

私は仕事などで、どうしても利用しなければならない場合を除いては、SNSをしょっちゅう見る習慣は止めた方が良いと思います。

心の調子の良いときには時間を決めて楽しんで、落ち込んだり気分が良くなかったりするときは、近づかないという付き合いを心がけるべきでしょう。

中村　そうやね。他人さんの生活をしょっちゅう見ていると、知らないうちに自分と比べてしまうやろうし。精神衛生上、良くないと思うよ。

奥田　とにかく、現実世界だけではなくインターネット上でも、他人とほど良い距離感を保つということが大切ですね。

人生の正解は、終わらないとわからない。だから目の前のことをせっせとやるしかない。

中村　自分と他人さんを比べるのが無駄な理由が、もう一つある。

奥田　それは、なんですか？

中村　他人と比べて自分が劣っている、とか、自分にはこれが足りないっていう考え自体が、**ただの思い込みだった**ってことがよくあるからや。

たしかに、他人の方が自分より優れていて、完璧であるように見えてしまう。でも、私は色んな人の話を山ほど聞いてきたけど、どんなに環境に恵まれている人であっても、どんなに幸せそうに見える人であっても、皆悩みやコンプレックスを持っているよ。**例外なく、皆が持ってる。**完璧に幸せな人なんか滅多にいないよ。

奥田　たしかに、とても華やかに、大勢の人と付き合って楽しそうな人であっても、実はその中に心を許せる友人がいなくて孤独に悩んでいたり、仕事で注目を浴びて大活躍している人も、実はうまくいっていない家庭から逃げて仕事に打ち込んでいるだけだったりします。

中村　その通り。それに、いっとき落ち込んだとしても、その状況がずっと続くことはない。私が今まで出会ってきた人たちを見ても、ず〜っと100％の幸せが続いている人もいなかったし、ず〜っと100％の不幸が続いている人もいなかった。人生は刻々と変化していくからね。

奥田　まさに仏教で言う**「諸行無常」**ですね。永遠に変わらないものはない。すべての物事は常に変化している。だから、今の幸せがずっと同じ形で続くことはないし、今の苦しみもずっと継続することもない。

みんな少しずつ、ですが確実に変わっていっているということですよね。自分の生き方が正しいとか間違っているとか、幸せだとか不幸せだとか、今、結論を一生懸命に出したところで、のちにどう変化していくかは、わからない。

中村　そうそう、92年間生きてきて断言するけど、人生に正解も不正解もない。**「人間万事塞翁が馬《じんかんばんじさいおううま》」**とはよく言ったもので、そのときはラッキーやと思ってもあとから不幸に繋がることがあるし、逆に不運な出来事があったとしても、あとから巡り巡って幸福に繋がっていくこともある。

だから私らにできるのは、**そのときにやるべきだと感じたことを、せっせとやっていく**ことしかないんやな。

奥田　そのとき、自分が一生懸命に考えて、こうするべきだと思ってやったことは、あとでどのような結果に繋がろうとも、それがその時々のベストな選択、ということですね。

体が、お世話しないと動かないように心もお手入れしてあげないと働かない。

奥田　私たちは、その時々で、**自分にとってベストだと思える選択**をしています。迷ったり不安になったりしながらも、精一杯考えた末に、行動していることは間違いないんです。

でも、思い描いていた結果に繋がらなかった場合は、そのことを忘れてしまい、「なんであんなことをやっちゃったんだろう」、「違う方を選べば良かった」などと、つい自分を責め過ぎてしまう傾向があります。

中村　そうやね。結果が伴わなかった場合は、どうしても責めてしまいがちや。でも、私は思うんやけど、そんなときには自分を否定し過ぎるより、多

少甘やかしてあげる方がいい。もちろん反省することは悪いことやないけど、自分をむちゃくちゃに責めるのは止めた方がええ。みんな忘れがちやけど、**自分の一番の味方は自分**なんやからね。

奥田　日本人は謙虚を美徳としていますから、成功しても素直に自分を褒めません。反対に失敗すると、自分をとことん責めてしまう人が多いのです。でも自分を責め過ぎてしまうと、前へ進むエネルギーもなくなってしまいます。

失敗したときには、まず反省して、原因を分析して、次の機会に活かすことがベストです。ということは、次に向けて余力を残していないといけないはず。であれば、「あのときは、あれがベストだったんだから、仕方ない」と自分にOKサインを出してあげることも必要ですよね。

中村　さっき「人間万事塞翁が馬」と言ったように、しでかした失敗が自分の肥やしになって、なんの拍子に幸運を拾ってきてくれるかもわからん。

だから自分を責め立てて苦しめるのは止めて、私みたいに運を天に任せて、さっさと寝るに限るよ。

奥田　先生は寝るのが得意だからいいですね（笑）。私もそうなのですが、あまりに行き詰まってしまうと眠れなくなる体質の人もいます。

どうしても眠れない、寝ても熟睡できずに何度も起きてしまう、朝の目覚めの気分が一向にスッキリしない、毎日が憂うつで辛い……となってしまったら、それは**心の不調ですから、私たちのような精神科医や心療内科医にぜひ相談してもらえたら**と思います。

中村　そうやね。自分を責め過ぎてしまうのは、うつ病の典型的な症状の一つでもあるからね。自力でどうしても眠れない場合は、早めに医療にかかって欲しいね。

でも何度も言うけど、日々ふっとやってくるような自己嫌悪感や自罰感情程度は、一晩ぐっすり眠ったらどこかへ消えてしまうか、薄れてしまうことも多い。だから深刻に捉え過ぎないこと。それが、さっきも言った、自分の一番の味方でいるってことや。

奥田　思えば、どんなに自分が嫌いだという人も、せっせとご飯を食べてお風呂に入り、自分の世話をしています。それって、無意識に**自分の体を大切にしているからやっているということ**ですよね。

私たちの体は、40兆個以上の細胞たちが不眠不休で一生懸命に働いてくれていることで成り立っているのですから、この細胞たちを慈しんで世話してあげるのは、自分しかいないわけです。体と同じように心も、自分が自分の一番の味方でいてあげないと、健やかに動いてくれませんよね。

こう言うと「親になれば自分のことは二の次になって、子どもの方が大事になる！」と反論されそうですが、それも突き詰めれば、子どもが悲しそうな顔をしていたら親自身が辛いから（笑）。

中村　とにかく極力、自分のしたことの正解・不正解を判定したり、評価したりしない方がいいね。自分が幸せかどうか、人生が成功しているかどうかなんかも、あまり深刻に捉えないでええと思うよ。結局、幸せも成功も、刻々と変化していくものやからね。

奥田　まずは睡眠、食事をきっちりとって、自分の体と心を大切にお世話してあげながら、任された仕事や家族のお世話など、たんたんと目の前のことをやっていけばいいんですよね。自分を責め過ぎてしまって、目の前のことに取り組むエネルギーまで自分でなくしてしまうのは、本末転倒。

中村　その通りや。責め過ぎるくらいやったら、自分にちょっと甘くなって、**前に一歩だけでも進んだ方が役に立つ**からね。

Column

心と体を健やかに整えるための睡眠と食の基本

本文でも触れていますが、睡眠と食事は、体だけではなく心の元気や安定性にも大きく関わっています。心と体を健やかに整えるための睡眠と食事の基本をまとめました。ぜひ日々の生活で取り入れてみてください。

○睡眠の基本

・できるだけ1日6～7時間以上（高齢者は5～6時間程度）の連続睡眠を。

・どうしても睡眠がとれない日があれば、できるだけ次の日は早く帰って寝るなど「睡眠の借金」は早め早めに返してください。

・土日などの休日は1週間で貯めてしまった睡眠の借金を返すために、2～3時間の寝だめをしても構いませんが、午前中には起きましょう。起床時間が午後を過ぎてしまうと生体リズムが狂い、翌日が辛くなります。

・寝る前の飲酒は寝付きが良くなるものの、睡眠の質は悪化するのでご法度。晩酌するときには適量（ビールなら500ミリリットル、ワインならグラス2杯、日本酒なら1合程度）を眠る2〜3時間前までに飲み終えるのがコツ。

・夕方5時以降は、コーヒー、紅茶、緑茶類などのカフェイン飲料は控える。

・寝る前のゲーム、スマホ、ネットサーフィンは良質な睡眠が妨げられますので、就寝時刻の1〜2時間前から避けてください。

○食事の基本

・疲労回復の素であるたんぱく質（肉、魚、卵、大豆製品）、脳や体のエネルギー源となる炭水化物（パン、ご飯、麺類、イモ類、コーン類）と油脂（バター、オリーブオイル、サラダ油など）、さらに、これらの栄養素を体に取り込むために不可欠な働きをする野菜・海藻・果物類を、それぞれバランス良く摂取する。

・朝食は抜かずに、できるだけ食べましょう。体温が上がり、活動のスイッ

チが入り、やる気や集中力が出ます。時間がない人はミルク（またはカフェラテ）とバナナ程度でも良いので、何かしら口に入れましょう。

・ダイエット中でも、極端な偏食は避けましょう。

糖質を断つ過激な「糖質オフダイエット」や、動物性たんぱく質を食べない「ベジタリアン食」、単品だけを食べるダイエット法などは体調が狂うだけでなく、気力や集中力にも悪影響が出ることがありますのでご注意を。

Column

自宅でできるマインドフルネス瞑想

本文ではマインドフルネス瞑想のうち、深呼吸による瞑想と、食べ物を使った瞑想の方法をご紹介しました。ここではそれに加えて、自宅でも実践できる、代表的な瞑想法の「ヴィパッサナー瞑想」について、簡単にご紹介したいと思います。

ヴィパッサナー瞑想は「自分の心を観る瞑想」です。主な効果としては、自分の心を洞察する力が得られるとともに、心を成長させる効果があるとされています。

〈ヴィパッサナー瞑想のやり方〉

① 床に座布団や布を敷いて胡坐《あぐら》で座り、背筋を伸ばします。胡坐は自分がかきやすい形で構いません。胡坐がかけない環境のときは、椅子に背筋を

伸ばして座ります（背もたれにはもたれません）。手は膝の上にそっと重ねて置きましょう。

② 目を閉じて、鼻から息をゆっくり吸い込みます。その際、空気が鼻腔を通る感触を最も感じる場所を意識し、そこで呼吸の空気の流れを感じます。

③ 空気が入ってきたこと、そして出ていくことを鼻先の一点で「感じ」、そして呼吸をしていることに「気付く」。ヴィパッサナー瞑想では、この作業をひたすら繰り返します。

いざ、この作業を始めてみると、1分間と鼻先に意識を留められないはずです。何らかのきっかけで、つい仕事や家事のことなどが頭に浮かび、様々な思考が働きます。例えば時計の針の音が聞こえたら、「あ、○時に電話しなくちゃ」とか「子どもは今頃何をしているかな？」とか。

またときには、怒り、不安、心配といった感情も出てくるかもしれません。

例えば遠くで子どもの泣く声が聞こえてきたことをきっかけに、自分が誰かと喧嘩した情景が脳裏に蘇るかもしれません。

こうした思考や感情が生まれても、心配はいりません。そこに一時は意識が囚われたとしても、そのたびに呼吸をしていたことに気付き直せばいいのです。

つまり「あ、今、思考をしていた」「怒りの感情が湧いた」などと認識したら、それ以上深く思考や感情を追いかけず、再び鼻腔を空気が通る感覚を再確認してください。これを繰り返します。

ヴィパッサナー瞑想では、禅のように「無」を目指す必要は全くありません。そもそも、特殊な訓練を受けていない人が思考を止めて「無になる」ことは非常に困難です。その点、ヴィパッサナー瞑想では、思考や感情が生まれるたびに、気付き直し、そして鼻先に戻る作業を、たんたんとひたすら繰り返すだけで、心が「今ここ」に落ち着きやすくなる効果が得られます。

本文でご紹介した、深呼吸による瞑想や食べる瞑想より、少し難易度は上がりますが、１日数分からでもいいので続けてみてください。
ヴィパッサナー瞑想を続けていると、ささいな刺激やきっかけによって思考や感情がどんどん生まれ出る、自分の「心の仕組み」を体感できます。さらに、その仕組みを観察することで、自分の心を苦しめている根本原因に気付く効果も期待できるのです。

第4章

「死」との向き合い方はちゃんとある

「5年後、死ぬとしたら何をしておきたい？」問いかけておくことで、今が充実していく。

奥田　先生は、**「いつお迎えが来てもいい」**と、70歳頃からよく口にされていましたよね。

世間では80歳を過ぎて平均寿命を越えたご高齢者でも、自分の死について非常に怖がっているくらいなのに、どうして先生は、「死ぬ」ということに対して潔く、冷静に考えられるのですか？

中村　そうやね、やっぱり戦争中に生きるか死ぬかの時代を生きてきて「死」というのは若者だろうが年寄りだろうが、**誰にでも突然訪れること**やと、肌身に染みて感じていたからなぁ。

戦死だけやない、空襲に遭うこともあれば、せっかく戦争が終わっても周りは栄養失調で結核になってバタバタと倒れていく。多感な時代をこんなふうに過ごせば、嫌でも死に対して開き直れるよ。

奥田　死に対する開き直り、もう少し詳しくうかがってもいいですか。

中村　どうあがいても、万人死から逃げることはできない、いつかは必ずやってくるものやって、**頭の底でいつも自分に言い聞かせている感じ**やな。そのいつかが、あと何年でやってくるかなんてことは、まさに神のみぞ知るや。無駄な心配はせず、お迎えが来たら潔く逝こうということやな。

奥田　先生は若い頃からしっかりと死に向き合って生きてこられたから、開き直りが身に付いたんですね。

中村　そうやな、今とは比べ物にならないくらい、死が身近な存在だったからな。だからこそ、恐れていても始まらん。いつ来てもいいように、毎日できることを精一杯やってきたつもり。

奥田　私は、もちろん戦時中は知りませんが、仰ることはわかります。癌患者のホスピス（終末期の癌患者とその家族の苦痛を最小限にすることを目的とする病棟）で、終末期医療に携わっていたことがありますから。

中村　そうやった。先生はたくさんの患者さんの死を見つめてきたんやな。

奥田　癌でお亡くなりになるのは高齢者だけではなく、現役世代の人も少なくなかったです。ホスピスで働いているうちに、いつ、自分も不治の病に侵されたり、事故に遭ったりするかわからない、という自覚が芽生えました。

おかげで、今日できること、したいことは無理のない範囲でいいからやっておこう、**伝えるべきことは伝えておこう**と思えるようになりました。

中村　そうそう、その感覚やな。もちろん、子どもが小さいときは「今はできるだけ死にたくないなぁ、この子らが独り立ちするまで健康で働かせてください」って神様にお願いしながら生きていたけどね。

子どもらが独立してからは、いつでもお迎えどうぞ、と思って生きているんやけど、これが90歳を越えてもなかなか来てくれないから困ってる（笑）。

奥田　私も、子どもたちが独り立ちするまでは元気で働きたいと強く思うので、健康診断は欠かしませんが、頭のどこかでは**「もしかしたら、自分の寿命は思っているより短いかもしれない」**と「万が一」を考えています。

だからこそ、愛する家族とできるだけ多くの時間を一緒に過ごそうという気持ちになります。もしホスピスでの経験がなく、自分の死について向き合う機会がなかったら、本当に大切なことをどんどん後回しにして、今よりもっとワーカホリック（仕事中毒）になっていたかもしれません。

中村　日本が平和になって、戦時中のように死が身近ではなくなったし、医学の発達で寿命がどんどん延びているのはけっこうなことやけど、人間が死ななくなったわけやない。しかし今は、**昔ほど死が身近にない**から、誰もが自分が死ぬのは遠い遠い先のように思えてしまうみたいやね。

奥田　そうですね。私たちのように、人の生死に関わる仕事をしている人は別として、多くの人の日常から、死は完全に隔離されてしまっています。

中村 私の若い頃のように、死が身近にあり過ぎても困るけど、ときどきは、「自分が死ぬときってどんな感じやろう?」「自分はいつ頃死ぬんだろう」って想像してみるのも、悪くないと思うよ。

奥田 仰る通りです。自分の人生に必ず終わりがあるってことを自覚して、自分の死ぬときをイメージするというのは、セルフコーチングなどでもよく使われる手法なんですよね。

「自分がもし5年後に死ぬとしたら、何をしておきたいか?」と考えると、おのずと自分にとって必要なこと、大切なことが見えてきますよね。私もときどき、この問いを自分に投げかけて、本当に大切なことを疎かにしたり、後回しにしたりしていないかをチェックしています。

中村 そうそう。「自分の命がいつ尽きるかは、誰にもわからない」と自覚していると、上辺の人付き合いや無意味な享楽に時間を浪費しなくなってくるよ。するべきこととの優先順位もつけやすくなる。

奥田　私がホスピスで仕事をしていたとき、何人かの患者さんたちは、「私はしたいことを精一杯やってきたから、自分の人生には、ほぼ満足だ」と穏やかに死を受け入れて亡くなっていかれました。

その中には50代や、60代くらいの方もいらっしゃいました。それとは逆に「まだ死にたくない。もっと色々したいことがあったのに」と悔やみながら亡くなっていった70代や、80代の方もいらっしゃって、**人生の満足度は年齢じゃないな**、と強く感じました。

中村　自分の人生の終わりを頭の片隅で意識していると、できるだけ毎日を大切に生きることに繋がるね。そんな毎日を積み重ねていったら、終わりのときも悔いが少ないと思うよ。たとえやり残したことがあったとしても、精一杯やった結果なんやからね。

やりたいことを後回しにしなかった患者は、人生の終わりも穏やかな笑顔をたたえていた。

奥田　ホスピスで働いていたとき、最期まで死を拒絶し、後悔される人がよく口にされたのは、「あと〇年経ったら〜しようと思っていたのに」「仕事を引退したら〜するはずだったのに」といった言葉でした。

中村　反対に、穏やかに最期を迎えられた人はどうやった？

奥田　そういった方々は、「やりたいことは、大体やってきたから後悔はない」「わがままに生きさせてもらったから、ほぼ満足」といった言葉を語られて、静かに微笑まれていました。

死を受け入れて逝かれる人たちが、元気なときから常に死を意識していたかはわかりませんが、**やりたいことを、できるだけ後回しにせずに実行されてきた**ことは共通していたようでした。

中村　そうそう、やりたいことの先送りは、できるだけしない方がいいね。人に大迷惑かけるようなことでなければ、他人の目なんて気にせずに、したいことをやればええと思うよ。

日本は昔から同調圧力が強いから、周りと違うことをすると、すぐ「変わりもの」「わがまま」って言われるけどな。人の目ばかりを気にして、自分のしたいことを後回しにし続けるのは、精神衛生上も良くない。逆に、できるだけ自分のしたいことを積み重ねていれば、もし自分の人生が平均寿命よりも短く終わったとしても、悔いは残らないと思うよ。

奥田　未来のために今を犠牲にするのではなくて、さきほどのマインドフルネスのくだりで話した「今ここ」を大切に、一日一日を、できるだけ自分らしく、自分の気持ちに正直に過ごしていくことが理想ですね。

もちろん、100%自分のしたいことをできる人は少ないとは思いますが、それでも1日1時間でも2時間でもいいから、**自分の気持ちに正直に、したいことをする時間を持つ**ことは、心の健康を保つためにも必要だと思います。

中村 今は私らの若い頃に比べると、男性も女性も自由にできることがいっぱい。**人様に大きな迷惑かけない範囲でわがままましても、何も問題あらへん。**「わがままだ」って言ってくる人の大半は、他人が自分の思うように動いてくれなかったり、合わせたりしてくれないから駄々こねてるだけや。日本人の悪い癖。ぜひ私の世代の分も、自由に、自分らしく生きて欲しいと思うな。

奥田 「わがまま大いにけっこう!」ですね(笑)。

中村 そうそう。人によって「自分らしく」は違うから、ぜひ自分が納得する時間の使い方をして欲しいね。

例えば、私は若い頃は家計のために必死で働き、子どもが独立してからも、結局仕事中心の一生だったけど、それは自分で選んだことでもあるから、けっこう満足してる。
私は仕事が大好きというわけやなかったけど、子どもが独立してからも、それ以外にしたいこともないし、仕事をしている方が人の役にも立つし、退屈もしないからと、乞われるままに90歳になるまで仕事を続けてきた。
今振り返ってみると、それが**私なりの「やりたいこと」**やった。だから、私みたいにずっと仕事漬けの人生もいいと思うし、やりたいことがあるなら、そちらを楽しんで欲しいね。

奥田　患者さんの中には、「子育てで自分の時間が持てない」とか「介護で自分のしたいことが全くできない」と嘆く人もいますが、先生はそういう人には、どのようにアドバイスされていますか？

中村　子育てに関しては、「子どもを産もうと決めたのは自分やろ。だから子どもを育てるのは、あなたが自分で選んだ仕事なんだから、頑張りなさい。」ときどき手を抜いたり、誰かに預けたりして、息抜きしながら頑張ったらええやん」ってよく言ってたなぁ。

介護に関しては、私は、ありがたいことに両親の介護も夫の介護も、長い間、本格的に経験することなく済んでしまったから偉そうなことは言えへんけど、『『施設に預けないで、家で介護しよう』と決めたのは、他ならぬ自分でしょう？ **自分で決めたということは、自分のしたいこと**なのでしょう？」と、患者さんによく尋ねていたかな。

奥田　「自分で決めたことは、自分のしたいこと」というのは、本質を突いていますね。私も介護に関して、何度か患者さんから相談を受けましたが、「施設に行くのは嫌だと、親に言われたから」「夫が、自宅で親を介護したいと強く望んだから」など、他人のせいにする人ほどストレス度が高かったです。

中村　結局、「ノー」と言わないことを選んだのは自分なんやからね。本当に嫌なら「ノー」とはっきり言って突っぱねることも自由や。せやけど、言わない方を選んだ。

そんな人たちは「無理に施設に預けるのは、かわいそうやから」とか「夫と喧嘩したくないから」という理由を挙げがちだけれど、その奥にあるのは、自分が「優しい人」「いい人」でいる方を選んだということ。結局自分で選んだのと同じやと私は思うな。

奥田　たしかにそうですよね。今は、自分が本当に嫌だと思うなら、よほどのことがない限り「ノー」が言える世の中のはずです。

でも、言うことによって「わがまま」とか「思いやりがない」と、後ろ指をさされたくないから、**言わない選択をした**んですものね。これは介護だけじゃなくて、色んな人間関係でも言えることです。

中村　そうそう。何でも自分で「決めた」「選んだ」と思えること、またはそれに気付くことが大切やと思うね。「無理に人にやらされた」というのが、一番ストレスになるからね。

奥田　結局、物事のほとんどは、自分が主体的に決めているんだということに気付けば、自分の人生をコントロールしやすくなります。「いい人」「優しい人」でずっといるのはしんどいから、今回は「わがままな人」になってみようかなと決めると、楽に自己主張ができたりします。

中村　うん、常にいい人である必要なんかないんやからね。例えば、初めは頑張ろうと思っていた介護が長引いてきて、心がしんどくなってきたら、素直にそれを周りに告げて、ヘルパーさんなど介護のプロに手助けしてもらったらいいと思うよ。それをわがままやって周りの人に言われたとしても、今度は**「気にしない」ことを選べばいい。**

奥田　介護でも、子育てでも、仕事でも、自分が我慢できない状況になったら、「わがままと言われようがどうでもいい。とにかく今の状況を変えたい！」と勇気を持って伝えたり、行動したりすることが大切ですね。それが自分の人生を、自分らしく生きることに繋がっていくはずです。

趣味があれば老後が楽しいと思ったら間違い。体が動かなくなったときも想定しておく。

中村　さっき「自分が思っているよりも早く、お迎えが来る可能性もあることを頭の片隅に入れておくべき」という話をしたけど、私みたいに想定以上に長生きしてしまう場合に、備えておいた方がええことも話しておくか（笑）。

奥田　今や平均寿命が女性は87歳、男性は81歳ですから、先生のように90歳を越えて長生きする方は、たくさんいらっしゃいます。ぜひ先生の本音を聞かせてください。

中村　予想外に長生きしてしまった私からの提案としては、まずは、**体が動**

くうちにできる楽しみや趣味は、たっぷりしておくことやね。私は旅行が好きやったから、体が動くうちに国内で行きたいところには大体行っておいた。だから、今みたいに杖歩行になってしまってもあまり後悔はないね。

奥田　先生は人生を子育てとお仕事に捧げてこられましたが、合間には国内旅行にもかなり行かれたようですね。

中村　そうやね。私は特に趣味っていうほどのものはなかったんやけど、旅行は好きだったから、できるだけ時間を見つけて出かけたかな。

旅行でなくても、外に出かけていく趣味や楽しみは体が元気なうちしかできないことやから、とにかく惜しまずやっておいた方がいい。観劇、運動、習い事、ボランティア活動でも、興味があってやってみたいと思うんやったら、挑戦しておいた方がええな。

奥田　なるほど、先生はそのようにされて、後悔なく老後を過ごせているのですね。

中村　いや、全く後悔がないといえばウソになるけどな。ほどほどに満足はしている。あと、これは読んでいる人のために言っておこうと思ったんやけど、足を骨折して、仕事を辞めてから家におるやろ？　暇を持て余すことがあるから、**家でできる趣味も見つけておいたら良かった**なと、それだけは小さな後悔かなぁ。

奥田　たしかに先日、ある高齢者の友人が**「外で楽しむ趣味」**と**「家で楽しむ趣味」**を持っておいたら、老後も楽しめるよ、と仰っていました。老いてくると体が思うように動かなくなることもあるから、両方持っておいた方がいいと。先生が心残りなのは「家で楽しむ趣味」の方ですね。

中村　そうそう。杖歩行になってしまったうえに、このコロナ騒ぎで一向に外に出られへん。家でテレビを見たり、本を読んだりするしかなくなってな。それはそれで悪くないんやけど、もうちょっと暇をつぶせる趣味でもあったら最高やろうなって思うねん。

奥田　例えば、体があまり動かなくなってからも楽しめる絵画とか手芸、俳句といったところでしょうか。

そういったアナログな趣味だけではなく、これからは**IT機器が使えるご高齢者の時代**でしょうから、スマホなどを活用すれば、家にいても楽しめそうですね。大して親しくない人とのSNSでの交流にどっぷりはまり込むのはお勧めしませんが、体が動かなくなってきても、IT機器を活用すれば、動画で会話を楽しめる時代ですから。

中村　そうやな。私はメールを打つのでやっとやけど、これだけでも先生と簡単に意見交換できるから重宝しているね。孫や親戚、元同僚とも、ときどきメール交換してるから、ええ気分転換になるな。

ま、家の趣味の話も、家でグータラしていることが好きな私にとってはさいなことや。一人でテレビを見ながらのんびり過ごして、ときどき息子夫婦や孫たちと会ってご飯一緒に食べているから、それで大体満足。

奥田　先生は孤独は怖くないと語っておられましたしね。

中村　そうやね。何とも思わへんな。週に何回かヘルパーさんが来てくれるから、嫌でも話すしね。歳をとって私のように自由に動けなくなったら、一人でも機嫌よく過ごせないとやっていけないと思うよ。

奥田　たしかに、体が元気なうちは友達と遊びに出かけたり、サークルや趣味の活動に参加したりできますけど、老化が進んで足が不自由になってくると自然に家の中にいることが増えてきますからね。

中村　自分だけじゃなく、**同年代の友人もそんな調子になってくるからね。**リタイアしてからは、少しずつ一人の時間に慣れていくのがええと思うよ。

何度も言うけど、孤独は悪いことでも恥ずかしいことでもない。もちろん、ときどき話せる家族や友人も必要やけど、その人たちと四六時中一緒に過ごすわけにはいかないやろ？　特に、女性は男性より大抵は長生きなんやから、一人時間には慣れておかないとね。

孤独上手になるのは、難しくない。生活の一つひとつと丁寧に向き合うだけ。

奥田　また孤独の話が出ましたが、先生の経験上、孤独に慣れるコツは何かありますか？

中村　コツか？　私は若い頃から一人でいるのが平気やったからなあ。他人に気を遣うより、自分一人でいた方が気楽やし。

奥田　若い頃から、一人でいても、寂しくなったり人恋しくなったりされなかったのでしょうか？

中村　しなかった、というより**する暇がなかったね。**さっきも言ったけど、家事一つとっても、今みたいに洗濯機もお惣菜を売ってるお店もないから、桶で洗濯して、手で一つひとつ絞って乾かして、食材買ってきて煮炊きもの……ってしてたら何時になると思う（笑）？

奥田　今は便利になり過ぎて、手持ち無沙汰な時間が増えてしまい、かえって孤独が辛くなっているのかもしれません。先生の話をヒントにすると、一人の時間が増えてきたときには、**あえて時間がかかる方法を選ぶ**というのも良さそうですね。

例えば家事にもあえて手間暇かけて、料理はダシを丁寧にとったり、掃除も拭き掃除を加えてみたり。家事を丁寧にやることは充実感にも繋がります。

他にも、ガーデニングや家庭菜園を始めてみるのも楽しそうですね。最近は、家でできる通信の習い事もよりどりみどりですから、思い切って始めてみるとか。

中村　そうそう。今は逆に、工夫しないと時間が余ってしまう。私らの時代なんか、人に連絡をとるとき、メールどころか電話もなかったよ！　小一時間かけて手紙を書くしかなかったな。

奥田　手紙を書くのもいいですね。私も人と電話、メール、LINEでやりとりすることがほとんどだからこそ、**手書きの手紙をもらうと嬉しいです。**家電やIT機器が発達していなかった昭和の前半には、時間をかけて丁寧に暮らすヒントがいっぱい隠れていますね。

私は『東京物語』などで有名な小津安二郎監督の映画が好きなのですが、昭和前半のゆったり、のんびりとした風情にあふれていて、見ていると心が落ち着いてきます。

中村　とにかく何をするにしても、昭和の時代はもっとゆっくりと時間が流れていて、**手間暇かけて生活の一つひとつをやっていた**気がするね。だから、遊びや趣味、他人さんと関わる時間がそもそもない生活やった。

奥田　今は何でも「効率よく」「早く」と急かされ過ぎなのでしょうね。

中村　そうやね。何をするにしても時間がゆったり流れることに慣れていると、逆に何もしていなくても、一人でボーッとしていることが平気になってくるんやないかな。

奥田　なるほど。なんとなくわかる気がします。一つひとつの物事に時間と手間暇をかけて丁寧に向き合っていれば、おのずと一人で過ごす時間が長くなり、他人としょっちゅう接していなくても気にならなくなっていく。

　そうなれば、先生のように、特に何をするというわけでもない、一人で過ごす時間が平気になる。すなわち**孤独に慣れる**という域に入るのでしょうね。

Column

恒子先生の健康の秘訣は「こだわらない」

恒子先生は実に90歳まで、精神科医として活動されました。キャリア70年以上という驚異的な現役生活の間、健康と活力をどう維持されていたのか、何か健康や体力維持の秘訣はありますか？　とうかがってみると、意外な答えが返ってきました。

「何も考えないで、生きてきただけよ」

食事や栄養についても、「あるもので、すべてお任せ」だったそうです。

たしかに恒子先生はすべてにおいて欲が少ない方です。だから食生活についても、こだわりなく出されたもの、手に入ったものをいただくスタイルを貫いてこられたのでしょう。しかも先生はずっと病院勤めをされていましたから、栄養バランスのとれた病院給食を、平日の昼は毎日、規則正しく召し上がっていたのも良かったのかもしれません。

裏を返せば、恒子先生には、こだわりの食を追求する、グルメを求める、といった発想もないので、体に負担がない量を、体が求める分だけ召し上がっていたように思います。それが自然と「腹八分目」となって、痩せも太りもせず健康体形の維持に繋がっていったのでしょう。

健康法についても、特別なことは実践せず、目の前の仕事や家族の世話をたんたんと続けられていました。しかし、必要以上の贅沢をしない信条からか、仕事にもせっせと電車を乗り継いで通勤され、職場でも家でも、人任せにせずクルクルと実に忙しく立ち働かれていました。

今思うと、これが自然な形のウォーキングや、無理のない有酸素運動となって先生の健康寿命をどんどん延ばしていったのかもしれません。

そして第3章でも触れたように、家に帰ったら、仕事のことは考えずに、さっさと布団に入りしっかり眠るのが日課でした。

何か特別な秘密があるのかと思っていた私は、先生の健康法にちょっと拍子抜けしてしまいましたが、健康に良い基本的なことを日々の生活の中で自然に実践されていたようです。

誤った健康法や体質改善、グルメ食材やサプリメントなどにこだわり過ぎて、かえって食生活のバランスを崩したり健康を害したりする人も多い中、恒子先生の「こだわらない」運動、食事、睡眠のシンプルな基本を大切にした生活は、健康情報過多時代を生きる私たちにとって、良いヒントになると思います。

第5章

終着駅に笑顔で降り立つために

高齢者はいずれ向き合うときがくる延命治療。その実態をしっかり知っておく。

奥田　先生はずいぶん前から、いつお迎えが来ても良いように準備されてきたようですが、本章ではそこについてお話ししていきたいです。

中村　そうやね。まず私は、できるだけ楽に死にたいなって思っていたから、60歳ぐらいから、家族には**「延命治療は絶対にいらない」**と伝えていたね。もし私に万が一のことがあったとしても、人工呼吸器も心臓マッサージも不要やで、ってね。

奥田　わかります。医者や看護師で、高齢者になってから延命治療を受けたいと言う人には**今まで出会ったことがありません。**もちろん私自身も必要ないと思っています。基本的に医療者が望まないような治療は、患者さんにもしない方がいいと思うのですが、日本の医療では今も多くの病院で、高齢者への延命治療が行われています。

中村　やっぱりそれが実態なんやね。

奥田　例えば80歳をゆうに越えて平均寿命を上回っているご高齢者に対しても、家族が望めば、呼吸状態の悪化が起こると人工呼吸器に繋ぎ、ICU（集中治療室）で治療が行われることがあります。

昨今のコロナ禍においては、新型コロナウイルス感染症の治療で人工呼吸器やエクモ（体外式膜型人工肺）が使用され、そのニュースがたくさん流れたことから、これらを使うと**肺炎が治って元通り元気になる**、と誤った印象を持った人が増え、今まで以上に高齢者に人工呼吸器を使う、高度延命治療を望む家族が増えたとも聞きます。

中村　一口に人工呼吸器と言っても、一般の人は「呼吸を助けてくれる機械」くらいの認識やろうしね。

奥田　**高齢者はいずれ向き合わなければならない問題**ですので、この際詳しく説明しておきましょう。

人工呼吸器に乗せることになると、チューブを口から喉の奥へと突っ込んで強制的に機械に繋いで呼吸させますので、意識があると非常に苦しい。そこで麻酔薬を使って眠らせます。

その後、何日か経っても呼吸状態が良くならなかったら、いつまでも喉にチューブを入れておけないので、今度は喉を切開して（気管切開）、カニューレ（気道を確保するチューブ）を喉に直接差し込みます。

中村　そこまでしたところで、元通りになるとは限らないわけやしな。

奥田　ええ。高齢になればなるほど、当然体は老化していますから、人工呼吸器に乗せるような濃厚な延命治療を行うと、呼吸機能が正常に戻り切らない場合が多いです。また何週間もベッドに寝かせきりで治療を行うと、筋力も低下するし、意識もしっかり戻り切らない場合も少なくありません。

結果、命は取り留めたとしても、満足に会話もできず、食事もとれない、「寝たきり」の状態となり、体に何本も点滴や管を繋がれて、スパゲティ状態（体に何本もチューブや管が差し込まれている状態）になってしまう高齢者が非常に多いわけです。**そういった事実を多くの人が知らないのです。**

中村　そうそう。私も何人もそんな人を見てきたよ。平均寿命を越えたような老人が延命治療を受けると、本当にろくなことがない。たとえ命が助かったとしても急激に運動能力が落ちるから、ほとんどの人が寝たきりになる。良くても車椅子にようやく乗れるかどうかや。

それに**認知症も一気に進んでしまう**ことが非常に多いしね。オムツを着けられて排泄も自分でできなくなる。そんな状態になったら全身の機能が衰弱して食事も満足に飲み込めなくなって誤嚥《ごえん》しやすくなり、口からの食事は禁止になって、中心静脈栄養で高カロリーの輸液を24時間流されるか、鼻からチューブ（胃管）を突っ込まれて流動食を流されるかのどちらかになるんや。

奥田　中心静脈栄養については、もう少し説明を補足しましょう。一般の人がイメージする腕への点滴は、細い末梢の静脈に行う点滴ですよね。細い静脈は高濃度の輸液を入れるとすぐに炎症を起こしてつぶれてしまうため、ごくわずかなカロリーの輸液しか流すことができません。

食事代わりになるような高カロリーの輸液を入れるには、鎖骨の下や鼠径部（太ももの付け根）にある**太い静脈に針をさしてカテーテルを留置する**必要があります。これが中心静脈栄養と呼ばれる方法です。しかしカテーテルを体内に留置しておくと、どうしても感染が起こってくるため、1か月に一度は入れ替えのために、痛みを伴う処置をしなければなりません。

かといって鼻からチューブ（胃管）を突っ込んで流動食を流すという方法も、強い不快感を伴います。そのため、しばらくすると「皮膚から胃に穴を開けて胃瘻《いろう》を作りましょうか」となる人が非常に多いのですね。肌の上から胃に小手術をして穴を開け、栄養チューブを直接入れ込んで胃瘻を作り、そこから流動食を流すようになってしまうご高齢者がたくさんいらっしゃいます。

中村　あの胃瘻だけは、絶対にご免やな……。私にとって、そんな状態で生きるのは拷問のようなもんや。私は**自分でご飯が食べられなくなったときが、死に時**やって思って生きているよ。

奥田　私もそうです。日本では、高齢者が肺炎にならなくても、認知症や心不全など様々な要因で食事が口からとれなくなったあと、当たり前のように人工栄養が行われます。

私自身も、これまで療養型病院で悲しい例をたくさん見てきました。静脈栄養や胃瘻などの人工的な延命治療を受けることで、人間本来の「尊厳死（延命治療を施さずに自然な最期を迎えること）」を迎えられずに、ベッドでチューブだらけになりながら、オムツを着けられ寝たきりになる。

認知症のご高齢者などは、不快なチューブを自分で抜こうとするから、布のベルトでベッドに手と胴体を拘束されてしまうことも珍しくありません。

中村　老人が寝たきりになると、大抵は床ずれができて、筋肉がやせ細って関節もカチコチになってしまう。身動きも自由にとれなくなった体でベッドにただただ寝かされて、栄養を流され生き永らえている……。**そんなになってまで、生き続けたい人っているのかな**と思うわ。

ろうそくの炎が消えるような最期を迎えるには、「リビングウィル」を早めに用意しておく。

中村　日本の終末期医療はこんな調子だと伝わったとして、先生なら海外の事情にも詳しいんと違う？

奥田　オーストラリアやオランダ、スウェーデンなどでは、認知症や寝たきりのご高齢者に人工栄養（経鼻や胃瘻などの経管栄養、中心静脈栄養）は全く行われないそうです。

またオーストリア、スペイン、アメリカなどでも、かなり少ないそうです。これらの先進国では、人工栄養で延命され寝たきりになっている高齢者は日本に比べて圧倒的に少数だといいます。詳しく知りたい方は、ぜひ宮本顕二先生・宮本礼子先生の『欧米に寝たきり老人はいない』（中央公論新社）をお読みになると良いと思います。

この著作を読んでびっくりしたことがあります。欧米や北欧にも、20年ぐらい前までは、日本と同じように老衰状態の高齢者に人工栄養を行っていた歴史があるんですね。てっきり宗教上の理由から行われていないものだと思っていました。

これらの先進国では、その歴史を経たうえで、**「余計なことをすればするほど、終末期の苦しみを助長する」**と結論づけられ、高齢者の自然死が推奨されるに至ったわけです。

中村　なるほどな。私も長年医者をしていた経験から、年老いた人間の最期は、自然に任せておくのが一番楽やと確信してる。

無理に点滴や胃管から栄養を流し込んでも、体が求めていないことをすれば、むくみや床ずれの原因になるだけや。人間はね、ご飯が食べられなくなって衰弱してきたら、自然に頭の働きも弱って、意識もボーッとしてくるから、苦痛も軽くなってくるようにできてる。昔はそうやって家で老人を看取ったもんや。

奥田　私が若い頃に働いていた、尊厳死医療に徹していたホスピスでもそうでした。食べられなくなった末期の癌患者さんには、点滴で人工的に水分や栄養を入れ過ぎると逆に苦しみが増すので、点滴は痛み止めなど最小限にして自然に任せていました。

人工的に水分や栄養を入れずに、ご本人の体の衰弱具合に任せていると、**ろうそくの炎がすうっと消える**ように、自然に亡くなっていかれました。

中村　そうやろ。癌でも老衰でも、できるだけ自然に任せた方がええと思うわ。今の医療の技術で、痛みと苦しみだけとってもらえば、あとは放っておいてもらった方が人間らしく、楽に死ねると思うわ。あ、そうそう、死ぬ間際の心臓マッサージなんかも絶対に止めてやって、子どもに頼んでる。

奥田　先ほど紹介したスウェーデンでは、80歳以上で重症になった高齢者は、回復の見込みがないと判断された場合は、**ICUにも入れない**そうです。痛みや苦しみをとるだけの尊厳死医療に徹しているわけですが、日本はまだまだ議論が遅れていますね。

コロナ禍の日本では、人工呼吸器が足りなくなったら高齢者より若者を優先することを「医療崩壊」「命の選別」などといって、マスコミが騒いでいましたが、高齢者に後先を考えず人工呼吸器をつけて延命治療すると、逆に余計な苦しみを与えることになる現実を、全くわかっていません。

中村　医療現場の現実を多くの人が知らんのやろうね。私自身は、自分が80歳過ぎて重症の肺炎になったら、それがコロナであろうとインフルエンザであろうと肺炎球菌が原因であろうと、そこが寿命、天寿やと思って受け入れるつもりできたけどな。

実は、私ら終末期医療に関わった臨床医の多くは、何十年も前から、高齢者が肺炎や心不全などの重体になったときには、家族に延命治療の苦しみをしっかりと説明して、できるだけ人工呼吸器を使うのは避けてきたのにな。

奥田　そうなんですよ。多くのご家族は、延命治療のメリット、デメリットを丁寧に説明して差し上げると**「楽に人間らしく、最期を迎えさせてやって欲しい」**と言われますよね。

日本でも高齢者に延命治療を行わずに、自然に看取りを行っている高齢者施設や病院も少しずつ増えているそうですが、まだまだ一般的ではありません。しかもご家族が延命治療を望んだ場合は、90歳近いお年寄りに人工呼吸器を付けざるを得ず、といったことも起こります……。

中村　家族が延命治療を望んだら、医者も断れないからなぁ。だからこそ、私のように60歳ぐらいからは、家族にしっかりと自分の意思を伝えておいた方がいい。

奥田　はい、その通りです。肺炎の際の人工呼吸器だけでなく、認知症や心不全などで老衰になった場合にも、人工栄養は一切いらないと考えている人は、**意識がしっかりしているうちに、ご本人が家族にしっかりと伝えておくべき**ですね。

今の日本の医療現場や医療制度では、家族が望むと中心静脈栄養や経鼻チューブ・胃瘻からの流動食で人工栄養を入れざるを得ません。現場の医師たちの間では、「食べられなくなった高齢患者に、点滴も人工栄養もしないで放っておくのは、餓死させることと同じだ」という考えも根強いですし。

日本の医療は良くも悪くも**延命至上主義**なのです。また、尊厳死や安楽死の議論が遅れている日本においては、本人や家族の明確な意思がない場合、可能な限り延命治療をしておかないと、万が一、医療訴訟になったときに、医師の側が負ける恐れもあります。

だから本人の意識がクリアでなかったり、認知症であったりする場合は、必ず家族に人工栄養をどうするかを含め、延命治療の実施の判断を委ねられるわけです。

中村 そう、だからこそ私ははっきりと家族に伝えてるよ。もし口を出してきそうな親族がいたら、そこへも伝えておいた方がいいと思うね。

奥田 私はまだ50代ですが、交通事故などの外傷で脳死に近い状態になることもあると考え「回復の見込みがなかったり、大きな障害が残ることがわかったりしている場合は、絶対に延命治療はしないで！」と強く伝えています。

私の夫は医療者なので私の意志を尊重してくれる信頼がありますけど、念のために文章にして残そうと考えています。本書の読者の方も、もし延命治療を受けたくないと決めたのであれば、家族や親族に伝えるとともに、事前に文章に残しておくことをお勧めします。

中村 「リビングウィル」ってやつやね。

奥田 はい、終末期を迎えたときの医療の選択について、事前に意思表示しておく文書ですね。「日本尊厳死協会」のリビングウィルが最も有名ですが、その他にも**「尊厳死宣言公正証書」**というサービスもあるそうです。これらは有料ですが、自分で自由に書いたものでも良いと思います。

リビングウィルは、書いたら必ず家族に**内容と置き場所を知らせておき、いざというときに医師に提示しておけるようにしておく**必要があります。引き出しの奥にしまっておくだけでは、効力は発揮しませんから。

中村　私は文書には残してないけど、息子たちにはしっかり伝えて同意をもらっているから安心してる。とにかく、まずは自分の死に際をどうしたいか自分でよく考えてみることが大切やね。

それで延命治療を望まないと決心したんやったら、元気なうちから家族・親族にしっかり伝えて同意を得ておくことに限るわな。私はずっと前から、しつこく、しつこく家族に伝え続けているから、いつ倒れても、自然にあの世に逝けるって安心してるけどね。

孤独死、けっこう。大勢に看取られても、一緒にあの世に来てくれるわけじゃなし。

奥田　先生はつねづね、**孤独死も全く怖くない**と仰っていますね。

中村　そうや、孤独死、大いにけっこうや。誰にも迷惑をかけないで、あの世に逝けるなんて最高やないの。私の理想の死に方やね。

奥田　その潔さには憧れます。

中村　そうかい？　私は今、息子夫婦と同じ敷地内に住んでいるんやけど、家同士は繋がっていない。足を折ってからは、杖歩行になってしまったから、食材の買い物や夕食はお嫁さんにお願いして届けてもらっているけど、丸一日、一人で過ごしていることが多い。

せやから、いつコテンと死んでいてもおかしくない（笑）。隣に住んでいる息子夫婦には「もし私が孤独死していても悲しまんといて」って言ってある。

奥田　それは非常に珍しいと思います。世間では孤独死は「寂しいもの」「絶対に避けるべきもの」とされています。

中村　そうか？　孤独死ほど、潔い逝き方はないと思うんやけど。入院してしまったら、手続きのあれこれで家族に迷惑をかけてしまう。

家で寝たきりなんかになったら、大変な負担や。ある日コロッと亡くなっていれば、ひと手間もふた手間も減らすことができる。

奥田　なるほど、先生は徹頭徹尾、精神的に独立されていますね。

中村　もちろん、全く家族に迷惑をかけずに亡くなるなんてことは、現実的にはまず無理や。人は生まれてくるときも人に手伝ってもらって生まれてくるやろ？　それと同じで、**死ぬときも全く誰の手も煩わさずに綺麗さっぱり**

消えてしまうことはできない。だから、もし私が孤独死しても、何やかやと後始末は必要やろうから、そのためのお金はちゃんと用意してある。
息子夫婦には、一切がっさい家の中の物は不用品として、ゴッソリ捨ててくれ、家もぜ〜んぶ壊して建て直してもらってええよと伝えてる。

奥田　そこまで想定されているとは！　でも、亡くなるときに一人でも本当に寂しいとは思わないんですか？

中村　だって、大勢に看取ってもらったとして、**誰かが手を繋いで一緒にあの世に行ってくれるわけじゃない**やろ？

奥田　たしかに……。テレビドラマのように、死に際にずらっと家族に囲んでもらったとしても、あの世に行くときは一人ですね。

中村　そうそう。それに、ドラマのように死ぬ間際まで意識があって、家族にお別れを言える人なんて、実はとっても少ない。今まで数え切れない患者さんを看取ったけど、亡くなる何日も前から意識がほとんどなくなっていたり、逆についさっきまで元気だった人が急変して、家族が駆けつけたときには昏睡状態になっていたりするパターンも非常に多いね。**これも孤独死の一種**だとしたら、病院の中でもしょっちゅう起こっているんやね。だから私は孤独死を怖がらないわけ。

奥田　「誰にも看取られずに一人で亡くなる」という面だけ見れば、たしかに病院といえど孤独死はしょっちゅうですね。寝ているうちにポックリ逝きたいという方もたくさんいますが、それだって睡眠中の孤独死ですからね。

中村　たぶん、病院と違って、死後何日も経ってから見つかるっていうのが、残酷なイメージと繋がっているんやろうけど、だったらすぐ見つかる仕組みを作っておけばええと思うわ。

奥田　今は見守りサービスが色々な会社から提供されていますから、契約しておけば死後何日も経ってから、というケースは防げますね。他にも携帯電話を誰もが持っている時代ですから、いくらでも工夫はできそうですね。

お葬式やお墓は、しょせん遺された人たちのもの。死んだあとのことには、こだわらない。

奥田　ところで先生は、ご自分がいなくなったあとのことを、家族にお願いされていますか？

中村　お願いって？

奥田　例えばお墓とか、お葬式のこととか……。

中村　あ〜。そんなことは、何も言ってない！　勝手にどうにでもしてくれって思ってる。自分が死んだあとの墓も葬式も興味ないから、好きにしてくれってね。

奥田　やっぱり先生らしいですね（笑）。死んだあとのことまで、心配していられるかって感じですね。

中村　そうそう。**死んだらそれで自分はすべて終わり**やから、そのあとのことを心配しても時間の無駄。

奥田　私は死んだら家族だけで密葬にしてもらって、海に散骨してって頼んでいるんです。

中村　ふ～ん、先生はやっぱりロマンチストやね。

奥田　お墓があったら、子どもや子孫に迷惑がかかるかなあと。

昔みたいに一つの土地にずっと住み続ける人は少ないですし、お墓の世話って何かと大変ですからね。あとあと「墓じまい」しようにも、けっこう手間とお金がかかって困っている人も増えているそうです。

中村　たしかにそうやね。うちはずっと一家で大阪住まいだから、気にすることもなかったけど、地元と移住先に分かれているだけで墓の世話は大変になるね。墓にこだわらないことも、これからは必要かもしれんね。
よし！　それ息子にも言っておこう。墓はあんたの代で好きにしてええ、死んだ者にはなんの遠慮もいらへんでって。

奥田　しょせん、**葬儀やお墓は遺された者のためにある**というのが、私の考えです。精神科の世界では、家族を亡くした人に対するグリーフケア（大切な人との死別後のケア）がよく話題になりますが、お葬式やお墓のお世話というのは、その一種だったのかもしれません。

家族が亡くなったあとに慌ただしい行事を定期的に作り出すことで、家族の喪失を紛らわしつつ、癒やしていたのかなと。

中村　たしかに、昔は四十九日だ、何回忌だと仏事がやってくることで作業や人付き合いを強制的に増やして、悲しみに沈み込むことを避けていたのかもしれん。

奥田　ところが最近は、家のことを担っていた女性も働いていますし、地元から離れている人も多いです。昔ながらの仏事が子孫の負担になって、グリーフケアの役目を果たすのが難しくなっているのかもしれません。

中村　なんにせよ、私が死んだあとのことは、子や孫が楽になるように、自由に取り計らってもらうのが一番やと思うね。お墓がある方が安心するんやったらこれまで通りやってくれればいいし、かえってストレスになるようなら、墓じまいしてくれたらええ。

死んでしまえば、何もかもなくなるんやから、**墓があろうがなかろうが、どうでも良いこと**や。自分の死んだあとのことまで心配していたら、私はストレスになって仕方ないわ。

奥田　生きているだけでも、ここまで語ってきたように色々なストレスが付いて回るのに、死んだあとのことまで心配していたら、ストレスを上乗せするようなものですよね。

宗教観は個人固有のものなので一概には言えませんが、先にいなくなる世代は少しでもあとに残る世代にとって負担がないよう、「あとはお任せ」にしておくのが一番いいですね。

中村　そうそう。もちろん、揉めるのが目に見えているようなことは整理しておかないと本末転倒やけど、その他のことはお任せやと伝えておかないとね。そうしないと、**「死んだ親父やお袋に申し訳ない」**とか言って、無理する子どももおる。しっかり言葉にしておくべきやね。

奥田　私は白洲次郎（終戦後にマッカーサーとの外交や交渉を吉田茂首相の片腕として担った）の遺言「葬式不要、戒名不要」がスマートでカッコイイとつねづね思っているのですが、さすがにもう少し具体的に話しておくべきですね（笑）。

死んだ自分のことを覚えて懐かしんでくれるのは、せいぜい後ろ2世代ぐらい。それからは、先祖の一人に過ぎない。だからこそ、末代の負担になるようなことは、できるだけ避けたいなと思います。

「児孫のために美田を買わず」。子どもたちに遺すべきはお金ではなく、知恵。

奥田　ところで恒子先生は、お子さんたちへは何を遺してあげたいと考えられていますか?

中村　うちには大した遺産はないけど、残ったものは子どもたちで等分に分けろと早くから言ってあるな。ただ大した額やない。私はもともと財産を子どもたちに残そうなんて、これっぽっちも考えてこなかったからね。
むしろ遺産なんかほとんどない方が、子どものためになると思ってきた。

奥田　それ、とってもよくわかります。私は以前、精神科医として診た患者さんで「親が遺してくれたお金で海外旅行に行って、ひと月で1000万円使った。それを続けていたらお金がなくなって、うつになった」という人に出会ったことがあります。億単位の遺産を相続したようですが、そんな使い方をしていたらあっという間になくなってしまいます。

中村　そうや、昔から親が子どもにお金や資産を残し過ぎると、ろくなことにはならへん。お金を儲ける苦労を知らない者にお金を持たせたら、あっという間に使い切ってしまうんや。このパターンは今も昔も同じやね。

せやから私は、自分の稼いだお金は、子どもたちが自活できるだけの能力をつけるために使おうと、初めから決めていたんや。だから教育にはできる限りお金をかけてきたつもり。

奥田　何より大切なのは、子どもが一人で生きていく力をつけることですよね。そのためにも、**人付き合いの妙や社会をサバイバルするためのスキルを親が伝える時間を作るべき**ですね。いくら高学歴でも、人間関係のスキルが足りないばっかりに、社会人になったとたんにうつ病や適応障害になってしまう人も診てきました。

中村 そうそう。大切なのは、いかに図太く世の中を渡っていくかよ。

奥田 先生はどうやって伝えたんですか？

中村 とにかく**子どもを見守る時間を長くして、ストレスからSOSを出したら、すぐに応える**ようにしていたかな。ストレスに対処する方法というんは、教科書に載っているわけやないからな。その子の性格や置かれた環境によっても違ってくる。側で見守って、いざというときには、いつでも相談に乗ってあげる雰囲気作りだけは心がけていた気がするね。

奥田 私も働きながら二人の男の子を育ててきて、やっと上は大学生、下は高校生になりましたが、彼らが小さい頃から今まで、できるだけ彼らの側にいて見守る時間は大切にしてきました。

男の子だから何でも話してくれるわけではありませんが、見守る時間が長いことで「あ、なんだか今日は表情や態度が変だな」ってピンときます。

そのタイミングを逃さず、意識して一緒に過ごす時間を増やしていると、自然と向こうから「あのね、こんなことあったんだけど」と口火を切ってくれることがよくありました。おかげで学校生活につきもののイジメなどのトラブルを何回も防げました。

中村　そうそう。そのタイミングがすごく大事なんや。そこを見逃さなければ、子どもは親が始終構ってやらなくても自然にすくすく育っていくよ。

奥田　これも先生の教えあってのことです。長男を出産して1年も経たないときに先生と出会って、「患者さんにとっては医師はたくさんいるけど、子どもにとってはお母ちゃんは一人だけやから、仕事より子どものことを今は大切にしてあげなさい」ってアドバイスをいただきました。

中村　そんなこと言うたかな（笑）？　とにかく子どもにとってはお母ちゃんなりお父ちゃんと一緒に生きる中で、日常生活を通じて色んな「生きる技」

を受け取りながら成長するもんで、そのためにはできるだけ見守る時間を増やすしかないんよ。かく言う私も子どもが小学生で仕事が忙しかったとき、実家の父母が押しかけてきて、私から子育てを取り上げてしまったことがあってね。そのときはずいぶん寂しい思いをさせたなあ。今でもあのときのことは唯一、後悔してるねん。次男が私の服の端をつかんで、「仕事に行ったら嫌や～」って泣いていた顔は今も忘れられへんね。

奥田　保育所も十分になかったあの時代に、先生はご主人の分まで稼がないといけなかったから、それは仕方がないですよね。

でも先生は、そんな中でも当直室からお子さんに電話したりと、精一杯お子さんを見守る努力をされてこられたから、お二人とも立派な社会人となって成功されているのだと思います。私はよく子育て中のワーキングマザーに対しては、子育て中は、**「比べない」「焦らない」「頑張り過ぎない」**の3つの「ない」でいきましょうってアドバイスしています。とにかく子育て中は、同僚と比べて焦ったりしないで、子どものことにできるだけ時間をかけてあげましょう。子育てに時間がとられて仕事が思うようにできなくても、心身に負担をかけて頑張り過ぎない。とにかく子どもが親の見守りを必要としなくなるまでは、どんと腹を据えて子どもと付き合ってあげましょう、って。

中村　「比べない」「焦らない」「頑張り過ぎない」か、先生うまいこと言うな。

奥田　これは先生をはじめとした多くの素晴らしい先輩ママにいただいたアドバイスをまとめた言葉なんですよ。

私自身も子育て中は仕事が思うようにいかなくて、色々と悩んだり焦ったりしたのですが、この言葉を心の指針にして乗り越えることができました。そして子どもたちにできるだけ寄り添うようにしてきたのですが、おかげさまで強くたくましく育ってくれているように思います。

中村　うん、それでええよ。昔から言うように**「児孫のために美田を買わず」**。大切なのは生き抜いていく知恵と根性を身に付けさせてあげることやからね。

92年間生きてきた恒子先生が、最後に伝えたい「人生のケジメ」。

奥田　最後になりますが、先生は今、92歳という押しも押されもせぬ超・後期高齢者になっていらっしゃいますが、先生より若い人に向けてメッセージはございますか？

中村　そうやなあ……歳をとるっていうことは、**どんどん自分で自分の体が動かせなくなっていくこと**やなと、今しみじみ実感してる。つい数年前は考えもしなかったけど、体のあちこちに力が思うように入らなくなるんやね。

　例えば平らな道を普通に歩いているだけで足がもつれてこけるとか、交差点を渡り切らないうちに赤になってしまうとか、日常茶飯事になってくる。

足だけやなくて、手の力も入らなくなってきて、ペットボトルの蓋が固くて自分で開けられなくなるし、ちょっとした荷物も持ち上げられなくなるしね。一人でできることがどんどん減って、人の助けを借りなければならないことがどんどん増えてしまうんや。

奥田　いわゆる**「フレイル」**ですね。加齢によって体重や活動量の減少、筋力の低下が起こってストレスに弱くなった状態です。健康な状態と介護が必要な状態の中間と言われています。

中村　最近はそんな横文字で呼ぶんやね。とにかく今まで一人でできていたこと……歩く、階段の上り下り、物を持つ、物を操作することが、どんどんできなくなってくるんや。しかも、ジワジワとくることもあれば、ある日突然できなくなることもある。私も、何にもない平らな道でいきなりこけるようになって、自分でもびっくりしたわ。

奥田　突然ガクッと弱ることもあるんですね。当事者だからこそわかることです。

中村　せやから私より若い人たちには、体が動かせる時に、やっておきたいことがあれば後回しにせずに、どんどんやっておきなさいって、真剣に伝えたいね。歳をとるってことは、これまで語ってきたように良い面もあるけど、**自分の体の自由がどんどん奪われていく**ってことでもあるんやから。

奥田　なるほど。とにかく、やれることはやっておくってことですね。先生は充分なさいましたか？

中村　まあ、ほとんどやりたいことはやったかな。仕事も充分過ぎるくらいやったし、子どもや孫にもできることは皆してやったし。行きたいところにも行ったし、会いたい人とも会ったしね。それに色々な名義変更の手続きとか、財産の処分とか、現実的なことも体が動くうちにやっておいたしね。

奥田　後悔がないように、後回しにせずに、思いついたら済ませてしまうのが大切なのですね。

中村　そう。特に一人でやっておきたいこと、一人でしかできないことは、後回しにしたら絶対にあかんね。

それともう一つ。さっきの延命治療のところでも話したけど、頭がうまく働かなくなって、自分で物事を判断できなくなることも考えて、自分の行く末のことを、**しっかり周りに希望を伝えておいたり、話し合ったりしておく**ことも必要やね。

私は自宅で家族に介護の迷惑をかけるのは絶対に嫌やから、老人ホームの見学にも家族と一緒に行ったりしているよ。このまま自宅で孤独死ができなかったら、最後は施設でお世話になると決めてるし、それは家族も納得してくれている。

奥田　なるほど。自分がどんなふうに人生最後のステージを過ごしたいかという具体的なイメージ作りと、家族との共有ですね。さきほどのリビングウィルも含めて、本当に重要なことですね。

中村　自分の手足、頭が自由に動かなくなったときに、できるだけ家族が困らないように、余計な心配をかけないようにしておいてあげることが、年寄りとしての最後の思いやり。**人生のケジメ**やね。

奥田　さすが恒子先生はどこまでも潔いですね。私自身は今年54歳になりますが、目前に迫ってきたシルバー世代の仲間入りに向けて、先生の92年間から導き出されたメッセージをしっかり心に留めておきたいと思います。

生物学的には明らかに初老期に入った50代の今から、死ぬ前にできるだけ後悔のないように、やりたいこと、やっておきたいことを、できるだけ楽しく、そしてほど良くわがままに実践していきたいと思います。

それに人生の幕引きについても、家族と心を割った話し合いを進めていこうと思います。今回は、誰もが避けては通れない「老い」について、先生の率直な意見をうかがいながら、二人の医師としての本音も交えた有意義な対談ができたと思います。

世代の違う私たちが、それぞれの立場で精神科医・女性として語り合った内容が、読者の皆様のお役に立ったら嬉しいですね。長時間お付き合いいただき、ありがとうございました。

おわりに

本書を最後までお読みいただき、ありがとうございました。

92歳になった中村恒子先生と、54歳の奥田弘美という年の離れた二人の精神科医が「人生の下り坂」で起きる色々な「不安」をテーマに、本音で、赤裸々に語り合いましたが、いかがだったでしょうか？

前著のコラムでは、恒子先生の人生をストーリー仕立てでお伝えしたのですが、先生は今、人生のまさに最終ステージを生きていらっしゃいます。

本書を執筆し始めた2020年1月に恒子先生は自宅前で転倒され、大腿骨頸部を骨折したことをきっかけに、90歳まで続けた現役精神科医としての職を辞されました。手術のあと、驚異的な回復力で杖歩行ができるようになった恒子先生は、二世帯住宅の自宅へと退院され、本書執筆中はずっと自宅で静かに過ごされていました。

週3回のヘルパーさんと隣家に住むご長男夫婦のサポートを受けながら、テレビをみたり本を読んだりという穏やかな時間を過ごされながら、ときどきは本書の執筆のために私とメールや電話でやりとりをするという毎日でした。

しかし、8月の半ばのこと。

恒子先生は急に全身の力が抜けて立ち上がれなくなってしまい、病院に運ばれ再入院。骨折はなかったようですが、全身の筋力低下が一段階進んでしまったようで、杖歩行がままならなくなってしまわれました。

ご長男夫婦が快く「これからは私たちが介護をするから」と自宅退院を計画されていたそうですが、恒子先生は自ら老人保健施設に入る選択をされ、昔の職場に自分でさっさと電話をかけて入所の段取りを進められて転院し、今はそちらでリハビリと療養の日々を送っていらっしゃいます。

その経緯について、恒子先生から届いたメールを紹介します。

91歳の年齢から、今しか自分の意思、希望で入所できるのはない。今しかないと判断して自分で入所を決めました。病院に電話して、迎えに来てもらう段取りも自分でつけました。施設で過ごして死を迎えたいと言う母に、息子夫婦はどのように受け取ったか、感情の処理に大変な負担を与えてしまったなと思いますが、自分の老化していく姿を息子、嫁、孫に見せたくなかった。彼らを困らせたくなかった。私の最後の希望、プライドかな？　つまらない意地っ張りです。

1945年、日本が終戦を迎える2か月前、16歳でたった一人、尾道から大阪に医師になるためにやってきた少女は激動の時代を生き抜き、二人の息子さんを立派に育て上げ、90歳まで現役精神科医としての仕事を全うされました。

6人のお孫さんに慕われつつ、人生の最終ステージは施設で過ごすことを自分自身で決定されました。まさに中村流の「最後の思いやり」「人生のケジメ」だと思います。

実に見事で潔く、人生の最終ゴールに向かって独立独歩を貫いていらっしゃる恒子先生とともに、本書を執筆できた幸せを、私は今、しみじみと噛み締めています。

このような経緯で生まれた本書が、皆様のこれからも続く長い人生の、心の旅に、ささやかながらもお役に立てますことを恒子先生とともに願っております。

最後に、本書執筆にあたり、前著に引き続き、温かいご支援とご尽力をいただきました中村晶彦先生・真理様ご夫妻に心より感謝申し上げます。

2021年8月　奥田弘美

〈著者略歴〉

中村 恒子（なかむら・つねこ）
1929年生まれ。精神科医。1945年6月、終戦の2か月前に医師になるために広島県尾道市から一人で大阪へ、混乱の時代に精神科医となる。二人の子どもの子育てと並行して勤務医として働き、2019年（90歳）までフルタイムの外来・病棟診療を継続。奥田弘美との共著『心に折り合いをつけて うまいことやる習慣』（小社）は16万部超のベストセラーとなった。現在はリタイアして心穏やかな余生を送っている。

奥田 弘美（おくだ・ひろみ）
1967年生まれ。精神科医・産業医（労働衛生コンサルタント）。日本マインドフルネス普及協会代表理事。内科医を経て、2000年に中村恒子先生と出会ったことをきっかけに精神科医に転科。現在は精神科診療のほか都内20か所の企業の産業医としてビジネスパーソンの心身のケアに従事。著書に、『1分間どこでもマインドフルネス』（日本能率協会マネジメントセンター）、『「会社がしんどい」をなくす本 いやなストレスに負けず心地よく働く処方箋』（日経BP）など多数。

本文デザイン：斎藤 充（クロロス）
本文イラスト（P135,139,203のみ）：misogoma kobo

不安と折り合いをつけて うまいこと老いる生き方

2021年8月24日　第1刷発行
2021年11月24日　第6刷発行

著　者――中村 恒子・奥田 弘美
発行者――徳留 慶太郎
発行所――株式会社すばる舎
〒170-0013　東京都豊島区東池袋3-9-7 東池袋織本ビル
TEL　03-3981-8651（代表）　03-3981-0767（営業部）
FAX　03-3981-8638
URL　https://www.subarusya.jp/
Subarusya
装　丁――西垂水 敦・松山 千尋（krran）
イラスト――風間 勇人
印　刷――ベクトル印刷株式会社

落丁・乱丁本はお取り替えいたします

ISBN978-4-7991-0991-5